月亮与手指

一个物理学家在科学与信仰之间的旅程

[意] 安吉洛·塔塔格里亚　著
谢爱华　译

人民出版社

安吉洛·塔塔格里亚(Angelo Tartaglia, 1943—)，理论物理学家与原子核工程专家，意大利皇家都灵理工大学物理学教授。除普通物理学课程之外，塔塔格里亚还为该校的理学院博士生讲授相对论。其学术研究涵盖广义相对论、宇宙学、相对论在全球定位系统中的应用、应用环形激光器探测引力—磁场效应以及统计热力学在社会科学中的应用等领域。近年来，他日益关注并积极参与意大利学术界对全球性热点问题“科学与宗教关系”的学术讨论，并对其中表现出的某种浅薄性深感不安，因此极力倡导一种无偏见的、理性探索的研究方法。

谢爱华（1968—），中国社会科学院科学哲学博士，现为中央民族大学哲学与宗教学学院教授，博士生导师。出版专著《突现论中的哲学问题》；在国内外学术期刊发表《科技奖励与科学的自我控制》、《突现论——科学与哲学的新挑战》、《复杂系统的隐喻描述与模型描述》、《还原与诠释：宗教田野经验的现象学考察》、《自然与规范：当代科学哲学自然主义转向中的二难困境》、《现代物理学与老子的生成论宇宙观》、《后现代社会的科学与宗教》等。作为重要成员参与国家自然科学基金课题“市场经济下科技奖励的运行机制”、国家科技部重点课题“复杂性科学与管理”、国家社会科学基金课题“科学发现的模型推理与教学改革”的研究；主持国家社会科学基金课题“科学与宗教关系研究”。

目录

中译者序 1

英译者序 1

原作者序 1

前　言 1

科学与信仰 1

信　仰 1

科　学 4

何谓真理? 11

数学真理 13

物理学真理 14

物理学的伟大范式 17

相对论 18

量子力学 22
可预测性与不可预测性:决定论混沌 26
一幅和谐图像? 28
物理学、形而上学与意识形态 30
生命科学 38
生命的进化 46
温和进化论? 51
经验的与“半经验”的科学 54
科学与权威原则 63
欧勒·罗默与光速 64
赛利亚·裴因与恒星成分 67
科学与权力 74
科学与伦理 81
语　言 94
神　迹 106
教　义 117
宗教狂热 129
教权主义与反教权主义 141
谁是上帝? 148
月亮与手指 154

结 论 158

附 录. 161

论对科学术语的误用 161

维 数. 162

能 量. 164

熵. 166

力. 168

磁. 168

中译者序

《月亮与手指——一个物理学家在科学与信仰之间的旅程》的原作者安吉洛·塔塔格里亚（AngeloTartaglia）先生是意大利皇家都灵理工大学的理论物理学教授和原子核工程专家。书的原版为意大利文，由意大利Lindau出版社出版，后由作者的儿子、在美国从事专业翻译工作的丹尼尔·塔塔格里亚（Daniele Tartaglia）先生将其译为英文。我的同事游斌教授在都灵理工大学访问期间，安吉洛教授将此书的英译本送给了游教授，游教授回国后又将它转送给我。当时我正对“科学与宗教关系”这一研究领域有着浓厚的兴趣，该书新奇的书名立即吸引了我的目光。在中国文化氛围中熏染长大的我，自然对中国古老的禅宗智慧心有灵犀，而尤其当它出现在西方学者的著作标题中时，更给我一种奇异的感觉！于是，在2015年的炎热难耐的暑假，在堆满书籍的狭窄而杂乱的学院教师办公室里，我很快读完了这部篇幅还不到十万字的著作，并萌生了将其译为中文的想法。我利用暑假的时间很快完成了初稿。当时翻译的目的只是为了留作个人研究资料，并无公开出版的打算。后来，民大哲学与宗教学学院的刘成有院长得知此事，决定将其纳入由学校“985”项目资助的“哲学与宗教学文库”出版计划，并得到人民出版社的大力支持，这本小书终以现在面貌呈现于中国读者面前。

一

正如该书的副标题——“一个物理学家在科学与信仰之间的旅程”——所告诉我们的那样，本书主题是谈科学与宗教，或理性与信仰的关系。为了不使“旅行”偏离主题，作者一开始就根据自己的理解对科学与信仰下了定义，并举例阐释各门自然科学与各类宗教的特征，为即将开始的旅行划定大致的范围；接着从多个角度和领域探讨科学与信仰之间的关系。这是一段短暂却充满曲折的旅程，作者化身导游，和读者一起艰苦跋涉，从起点到达终点。虽然路途坎坷，荆棘丛生，但风光无限，景点各具特色，可以说令人有眼花缭乱、目不暇接之感。一路上我们不仅可以尽情领略相对论、量子力学、天文学、量子场论、弦理论、生命科学等当代自然科学前沿领域的一座座奇山秀峰，而且还可以饱览哲学、宗教学、社会学、政治学、经济学、伦理学、语言学等人文社科领域各种理论观点的风景名胜。我们乘坐传说中的“时间机器”，时而穿越到古代，流连忘返于美索不达米亚平原和尼罗河两岸的旖旎风光，和作者一起追踪数学、几何学、天文学的最初起源，立于现代文明的山峰鸟瞰人类科技历史发展的长河；时而穿越到未来，为量子力学所揭示的人类未来的不确定性而顿生苍凉悲壮之感，或者惊讶地看着人类命运的兴衰沉浮其实都早已化作文字密码被载入一部古老神秘的奇书……

这也是一段充满惊喜的旅程，它不断颠覆我们的日常思维和流俗的偏见，拨开浮云迷雾，引领我们进入一个新奇的世界。我们习以为常的思维是：科学与宗教、理性与信仰总是处于水火不容的对立之中，这便是西方中世纪和中国“文革”时期普遍流行的所谓科学与宗教的“冲突模式”，它也牢牢根植于西方启蒙运动以来对宗教的根深蒂固的偏见之中。随着现代化与世俗化的深入推进，世界进入了马克斯·韦伯所说的“祛魅”时代，宗教也日益从公共领域退回到私人生活。正如作者所指出的：“即使在一个宽容和自由的社会环境里，人们也只是勉强‘承认’：在人类的各种各样的古怪的癖好之中，也许其中一个就是宗教信仰，如集邮和攀登冰山之类，只要那些信仰者不企图越过私人生活的领域而给他们的宗教信仰一个社会的维度。”① 在这种“冲突模式”思维的影响下，其直接的社会后果便是出现两种极端行为：一方是科学原教旨主义者，他们试图完全取消宗教，甚至将宗教信仰者从肉体上加以消灭；另一方是宗教原教旨主义者，他们顽固拒绝乃至仇视现代科学技术，匍匐跪拜于墨守字面意义的顽固僵化的宗教教义之下。为消除此类极端思维及其所造成的社会后果，作者带领我们深入自然科学与社会科学的广阔疆域，纵横捭阖，寻幽探胜。严密的逻辑、丰富的史料，使读者时时体验到峰回路转、柳暗花明的境界。作者细心地为我们指出路途中一个个迷人耳目的误区岔道，时时提醒我们此路不通，以免在旅行中偏离方向，误入歧途。

在科学与信仰的关系问题上，容易陷入的误区之一是：科学注重理性和实验，宗教迷信教条和权威。针对此一误区，作者以丰富的科学史的实例，令人信服地证明了在科学发展的曲折历程中，对教条和权威的崇拜并不比宗教信仰的领域中更少，《圣经》中的所谓“马太效应”在科学领域中也比比皆是。在欧勒·

① 见本书中文版“前言”。

罗默（Ole Romer）的事例中，由于受到当时的科学权威的压制，致使人类对光速的认识居然被延迟了整整半个世纪！① 在赛利亚·裴因（Celia Payne）的例子中，她明明通过大量的实验观察证据，确凿地解读出太阳的主要成分是氢，可是为了获得学位，她却不得不违心地在自己的博士论文中写道："大量丰富的［氢］［……］几乎可以肯定……这是不真实的。"② 如果她拒绝这样做的话，她可能冒被包括自己的导师在内的当时的科学权威封杀的危险，甚至更糟，"她的富有前途的科学生涯可能在还没有开始之前就被断送了"③。而她在学术界遭受如此不公正待遇的一个重要原因竟还与她的性别有关！作者指出，在裴因所处的年代，通过曲解（torturing）数据使它们承认（confess）科学家们所愿意听到的东西的做法非常流行。当然，对同样的数据允许有不同的解读方式，但这一点并不能用来为在科学活动中至今依然盛行的有意曲解实验数据的做法辩护。作者以揶揄的口吻写道："当然，曲解数据总比折磨（torturing）证人要好。"④

① 见本书中文版"欧勒·罗默与光速"。
② 见本书中文版"赛利亚·裴因与恒星成分"。
③ 见本书中文版"赛利亚·裴因与恒星成分"。
④ 见本书中文版"赛利亚·裴因与恒星成分"。

(这或许也可以算作历史的“进步”?) 作者不无幽默地预言：当今也再没有一家有名望的期刊会发表爱因斯坦在1905年阐述狭义相对论基础那样的论文了——一篇没有流行的学术术语，由一个拥有像今天的xxx@yahoo. com那样的邮箱地址（即不属于任何大学或研究机构）的无名小辈撰写，也没有参考文献的论文。[①] 而与此相反，至少在基督新教的世界里，教皇和教会对《圣经》解释的权威和垄断权在宗教改革运动中被彻底否定，“唯有《圣经》”的原则指向了对经典文本进行自由解释的个体良知，宗教在这里展示出了其反抗权威、尊重个人理性的一面。

在科学与信仰的问题上还有其他许多常见的误区，比如：科学无关于意识形态，宗教与意识形态密切相关；科学与伦理无关，宗教与伦理相关；科学不介入政治权力，宗教常与政治权力结盟；科学不承认教义，宗教是系统化的教义体系；科学所使用的语言明确清晰，宗教所使用的语言神秘模糊……。作者在书中使用大量丰富的历史材料，一一分析了这些思维误区的根源所在，从而无可辩驳地证明：所谓科学与宗教水火不容、绝对对立的观念模式，不过是又一个“先验

① 见本书中文版“科学与权力”。

幻象”，是人类自己制造出来的一个历史神话而已。历史上极端的科学主义者（“好斗的”无神论者①）往往与狂热的信仰主义者殊途同归，如像休谟那样的极端经验主义者不相信太阳明天会照样升起，而中美洲原初民的宗教信念也相信为了让太阳升起这样的事情重复发生，必须每天供奉祭品以取悦神灵。在这个问题上，“极端的经验主义与对因果关联的彻底神圣化导致了同样的结果”②。而以“理性”和“进步”为旗帜的历史运动，最后却往往导致宗教信念般的非理性狂热，这在法国革命中对所谓“理性女神”（一个多么具有讽刺意味的称呼）的顶礼膜拜中达到其巅峰形态！③

对于这些误区的精彩分析，构成本书内容的主体部分，也是这趟旅程的主要风景。读者自己深入其中，一定会收获许多惊喜，译者不必在此越俎代庖。现在我谈谈此次旅程的终点，也就是本书的标题所显示给我们的风景——“月亮与手指”。

所谓“月亮”与“手指”的比喻，一般认为源自

① 原作者在书中将极端的无神论称为“好斗的无神论”（militant atheism）或“负信仰”（negative faith）。“negative faith”也可译为“消极信仰”。

② 见本书中文版“神迹”。

③ 见本书中文版“谁是上帝”。

中国禅宗的公案，即六祖慧能与无尽藏尼的一段对话：

> 无尽藏，常诵《大涅槃经》。师暂听，即知妙义，遂为解说。尼乃执卷问字。师曰：字即不识，义即请问。尼曰：字尚不识，焉能会义？师曰：诸佛妙理，非关文字。尼惊异之。①

印度龙树菩萨的《大智度论》中亦有相关记载：

> "如人以指指月，愚者但看指不看月。智者轻笑言：汝何不得示者意？指为知月因缘，而更看指不看月！"②

一般来说，"手指"是指一切教义经文，"月亮"则指佛法真谛。此公案的要义是指在学佛过程中不应执着名相，纠缠文字，而要悟道见性，即"破文字执"。这便是禅宗的所谓"十六字纲领"："教外别传，不立文字，直指人心，见性成佛。"

---

① 《六祖坛经·机缘品第七》，《白话金刚经　坛经》，尹协理译注，河北人民出版社 1992 年版，第 217 页。

② 龙树菩萨著，鸠摩罗什译，弘学校勘：《大智度论校勘》下册，社会科学文献出版社 2013 年版，第 568 页。

西方大哲维特根斯坦也在他的《逻辑哲学论》中告诫读者说：真正懂得他的哲学的人，读完他的书后，应该把他所写的东西全部忘掉。“凡不可说的，应当沉默。”① 而他写此书的最终目的，正是指向那不可说的东西。

当然，亦可引申开来：“手指”指形式，“月亮”指内容；“手指”指手段、工具或方法，“月亮”指目的；“手指”指现象，“月亮”指本体。作者在书中正是取此引申意义，他用房间里多人同时手指一个方向的具体意象，告诫我们不可执着于某种宗教的形式和方法，如仪式仪轨，语言文字，甚至饮食衣着等，而应注重宗教本身所阐明的义理。对于科学，亦应作如是观。②

亦可以“手指”指各种宗教形式，“月亮”指超越的宗教真理。对于宗教多元论和真理一元论者，多个“手指”一齐指向同一个“月亮”；对于宗教多元论和真理多元论者，多个“手指”可以同时指向多个“月亮”。

如此看来，不仅不应执着于“手指”，而且也不应

① Ludwig Wittgenstein, *Tractatus Logico-Philosophicus*, Translated by D.F. Pears and B.F.McGuiness, Routledge, London and New York, 1974, p74.

② 见本书中文版“月亮与手指”。

执着于“月亮”。“本来无一物”，一切皆空，而对于中观佛教来说，连“空”本身也是“空”。因此，作者在书中以某房间中许多人同时指向一个方向的意象代替了手指月亮的意象。

然而，若以此走向另一个极端，认为“手指”完全不重要，甚至彻底取消“手指”，也是大谬不然。为了见“月”，还必须借助“指”的手段。这涉及“渐修”与“顿悟”的关系。要参悟佛教义理，读经与修行都是必不可少的工夫。没有长期艰苦的修行实践，要达到顿悟的境界，不仅不可能，而且无法区分“真悟”与“假悟”。禅宗另一个著名的公案就揭示了这个道理：一小和尚随某高僧学佛，每当有人问高僧什么是佛时，高僧便竖起一根大拇指，一言不发。小和尚见了，心想：这个太简单了，我也会。于是，当有人问小和尚什么是佛时，他也依样画葫芦，竖起一根大拇指。高僧知道了，不动声色把小和尚叫来，问：“什么是佛?”小和尚便竖起一根大拇指。不想高僧挥起一刀，削掉了小和尚的大拇指，再高声喝问：“什么是佛?”……德国哲学家黑格尔也说过，同样一句人生格言，从饱经风霜的老者的口里说出，与从未曾经历人生的小孩的口里说出，具有完全不同的内涵和意蕴。“老的那些宗教真理，虽然小孩也会讲，可是对于老人来说，这些宗教真理包含着他全部生活的意义。即使小孩也懂得这些宗教真理的内容，可是对他来说，在这个宗教真理之外，还存在着全部生活和整个世界。”①

不经过艰苦的读经和修行实践，梦想有朝一日突然跃升至顿悟的境界，是不切实际的幻想。正如作者所言：“我们应该理解与尊重各种宗教形式与礼仪，但我们也必须能够超越它们。而超越的途径当然是去研究，这需要我们决定是否以及在多大程度上投身于这项事业。”②

于是，作者引用哈姆雷特的话为全书做了总结：“天地间的事物远比科学（和哲学）所梦想的要多得多。”③ 面对未知，我们能够采取的最好的姿态是保持一颗永远的谦卑之心！

至此，作者终于将我们引领至这趟旅程的终点：一种至高的心灵体验与精神境界。大道至简，道法自然，“不畏浮云遮望眼，只缘身在最高层”④。

① 黑格尔：《小逻辑》，贺麟译，商务印书馆 1980 年版，第 423 页。

② 见本书中文版“月亮与手指”。

③ 见本书中文版“结论”。

④ 上海辞书出版社文学鉴赏辞典编纂中心编著：《王安石诗文鉴赏辞典》，上海辞书出版社 2014 年版，第 16 页。

二

作者的职业是一个从事实际研究的科学家，同时也自称是一个天主教徒。对于科学与信仰的主题来说，这种双重身份既是作者特有的优势，也是其局限所在。作为一个从事实际研究的自然科学家，其学术视角与一般的人文学者相比，显得新颖独特，别开生面。作者丰富的自然科学知识，尤其是深厚的物理学史的背景，使得作者在引用涉及自身学科的历史与现实材料时信手拈来，游刃有余。如书中谈到科学中的权威原则时引用的欧勒·罗默与赛利亚·裴因的例子，生动朴实，具有很强的说服力。而且据我所知，这两则科学史上的著名轶事在国内的科学史教材中还鲜有提及。作者以其丰富的知识和经验将我们引领到人迹罕至甚至尚未开发的景区景点，常常给读者以意想不到的惊喜，这也是我决定将此书介绍给中国读者的一个很重要的原因。当然，从另一方面讲，独特的学科背景也恰恰构成其特有的局限性，这反映在作者对经济学与生命科学的偏见和无根据的先入之见上（对经济学的科学性的否定，以及对生命物质从非生命物质中自发产生的可能性的断然拒绝）①，这种偏见也反映在作者

① 见本书中文版“经验的与‘半经验’的科学”以及“生命科学”。

对当代物理学的超弦理论的科学性的评论上。[①] 同样，作者在信仰上的天主教立场，也形成一种无意识的偏见，妨碍了作者对其他宗教信仰持一种客观公允的立场，这使得他对“月亮与手指”这个禅宗公案的意蕴的理解也显得较为肤浅；这种立场当然也反映在作者对进化论的偏见上。[②]

还值得一提的是，在这趟短暂的旅程中，作为“导游”的作者自己似乎也经常偏离方向，误入岔路歧途，如对经济学的科学性的评论，对于宗教狂热的考察，以及对于教权主义与反教权主义的分析，对意大利学术界和教育界弊端的抨击等，似乎都有些偏离了科学与信仰的主题。有趣的是，作者自己似乎意识到这种偏离，并告诫读者此处已偏离方向。[③] 如此看来，作者仍然不愧为一个富有责任心的“导游”。

总之，我认为，无论从哪一方面看，《月亮与手指》都是一本十分有趣而且值得一读的书。

从 2015 年的暑假完成初稿，至今已经整整两年的时间。在这期间，我亦与本书作者安吉洛·塔塔格里

① 见本书中文版“物理学、形而上学与意识形态”。

② 见本书中文版“生命的进化”与“温和进化论”。

③ 如在“经验的与‘半经验’的科学”中，作者最后写道：“在这个有些离题的一节里……”。在书中其他地方还有许多类似的表达。

亚先生有过多次通信，讨论书中内容。感谢作者的耐心回复，给我解答了许多疑惑。原作者与本书的英译者丹尼尔·塔塔格里亚先生都在百忙中为本书写了“序言”，在此一并致谢！

本书虽然是一本不到十万字的小书，然而我已经从中真正体会到翻译工作的全部艰难辛苦。那种字斟句酌、绞尽脑汁地为思想寻求最合适的表达方式的细致烦琐，如人饮水，冷暖自知。另外需要说明的是，本人不懂意大利语，此书由丹尼尔先生的英文版转译而来，乃是“翻译的翻译”，中间隔了一层媒介，因此中文译本对原作内容传达的准确程度，在很大程度上还取决于丹尼尔先生的工作。本书的英译者丹尼尔先生在美国从事翻译工作，他在为本书所写的“序言”中叙述的翻译过程中的亲身体验，虽属夫子自道，但亦于我心有戚戚焉！此译稿虽经反复修改，但直到现在我阅读它时，仍然常常为其中的错漏和不当之处羞愧汗颜……。

感谢意大利 Lindau 出版社授予此书版权，感谢人民出版社和刘成有院长的大力支持，感谢人民出版社的编辑段海宝博士的辛苦付出，感谢游斌教授的慷慨赠予，译文若尚有些可取之处，应该归功于他们的无私鼓励和帮助，其中的错漏和不当之处则全部由我个人负责。

翻译本来是一件为他人作嫁衣的工作，这件“嫁衣”虽然看起来不够时尚，但希望做得还算勉强合身吧！

是为序。

谢 爱 华

2017 年 8 月 7 日

于中央民族大学文华楼

英译者序

此书英译本的出现纯属计划外的机缘巧合。我父亲用意大利语写了这本书，并且在我来都灵时（我在英国侨居并在那里工作）送了一本给我。我问父亲有无将此书翻译为英文并出版的计划，他说尚无此打算。恰巧我的职业就是做翻译，于是我便决定自己来做这项工作，以此作为送给父亲的礼物。我起初并没有告诉父亲这个计划，原因之一是我不得不把这个特别的翻译任务置于我的一大堆其他的、“真正的”工作任务之间并进行合理安排，这样我便无法确定需要多久才能完成。翻译完后，我把它刻录在一张 CD 上，当我再次来到都灵时把它送给了父亲，父亲非常高兴。我当时并没有更多的想法，认为此事就到此为止了。但我的译本使得父亲可以将此书赠送给许多非意大利语的读者朋友，它带来的结果之一就是摆在你们面前的这本小书。

从纯粹语言学的角度来看，翻译这本书面临着诸多挑战。首先，本书是用约定俗成的意大利文写成，因此，其中所提到的许多物品、人物、出版物以及（或者）事件，等等，很可能在意大利以外并不为人所知晓；这需要使用一些解释性的注释（同样，原版中的其他一些注释，在英文版本中并不需要，因为它们所指称的事件和人物对于讲英语的读者来说可能是常识）。其次，书中包含许多在英语（或其他语言）中并不常用的、典型的意大利式的短语、例句以及（或者）表达法。为了准确地传达原意，我不得不尽量寻找合适的、意义对等的表述，以至于在许多情况下其字面意义明显不同于意大利原文。我希望我在努力使英语读者读懂的前提下，尽量保持原文的精神与内涵。第三个挑战来自其材料丰富的引文，以及书中提到的其他作者所写的书的书名；在许多情况下，书中所使用的引文和书名是从其他语种的口头语或书面语翻译为意大利语的；如果可能的话，我在翻译中尽量查找到引文的原文（如果原文是英文的话）或者其公认的英文译本；如果查找不到，我就在注释中标明这是我自己的翻译。对于书名和其他论文的标题亦采用同样的方法处理，即尽可能使用英文原文（或公认的英文译本），若需要的话，就在注释中加以说明。最后，翻译带有文学性的著作（我是指相对于，比如技术性或者商业性的文献来说），尽可能地努力保持原文的感觉和风格是非常重要的，尽管我们知道，为了保留原文的可读性与含义，有时候对于字面意义的细微的偏离是不可避免的。在这里，我也只能是希望我的努力能够达致一个大家可以基本接受的结果。

总之，翻译本书对我来说是一个非常有趣的经历，它给了我一个机会，让我学到我以前所不知道的许多东西，并且检验我将此书翻译得使非意大利语的读者能够读懂的能力。我很享受这个过程，并且对结果感到满意。我希望这本书的英文或中文读者也能够有同样有趣并令人愉快的经历。

丹尼尔·塔塔格里亚

2015年2月1日于伦敦

原作者序

写这本书的想法缘于我参加的一次讨论会，主题是“科学与信仰的关系”。主讲人是一个意大利数学家，他在谈到信仰以及那些有信仰者时语带讥讽。我觉得这是一种极端肤浅和完全非科学的态度，于是我决定着手写这本书。为了完成这个任务，我一边写作，一边研究和思考，其间又弄明白了很多道理，以前还模糊的想法也渐渐变得清晰起来。其中给我印象最深的感悟是：对于这个世界的意义与起源问题，你思考得越多，卷入得越深，你就越是意识到你所知道和懂得的东西是多么地少。在西方和古希腊的哲学传统中，这回应了苏格拉底的那个著名格言：“唯一真正的智慧是知道自己一无所知。”

从专业的角度讲，我研究的是引力和宇宙学的问题，以及与此相关的其他问题。我的研究证明——我已将它写进了我的论文和著作中——当代的基础物理学已经变成了观察宇宙结构的高度复杂的工具，正是由于其高度的复杂性，以及我们今天所使用的概念和物质设备的强大威力，我们发现：越接近事物的根本，整幅图像反而变得越来越模糊，先前的理论也变得越来越不适用和充满矛盾：概念模糊，无法建立逻辑联系，实在本身超出了我们的概念框架的限制。简言之，实在的某些部分必然逃避我们的理性试图描述和理解它的努力，理性的本质就是如此。理性发现：承认理性的限度本身就是理性的。我们人类不过是居住在一粒渺小的、平淡无奇的狭小微粒里的物种，它迷失在由整个银河系构成的巨大的尘埃云里。那么，为什么在如此受限的环境里发展起来的那些工具（包括我们的心灵），就应该能够理解宇宙和实在的所有方面呢？那些理性所不能把握的、超越我们理解能力的实在，信仰则可以通达它们，当然它也会带来许多问题，包括在信仰的纯洁性和恰恰是由人类本性的局限性所带来的动力学之间的某种冲突。

我不可能在这里用几句话概括本书的全部内容，但有一点是我必须强调的。在对信仰与理性之间的争论进行分析时，出于可以理解的原因，我是从我本人生于其中的那个文化传统的观点开始的，即欧洲或西方文化，如果你愿意这样称呼它的话。不过，我也同时兼顾到了生活在世界上其他地方的人们的文化和哲学传统，这里我要特别提到印度和中国。即使在某种经济体系日益全球化的今天，延续了几千年的这两个大的文化传统仍然在历史的长河中保持其独特的魅力，而那种经济体系曾威胁将在不长的时间内席卷整个地球。

和许多其他欧洲人一样，我也一直沉迷于东方思想，尤其对中国思想或者一般地说中国文化充满好奇，这也反映在本书题目的选择上：月亮与手指，它是来自中国佛教的一句箴言。正因如此，我对这本小书能够有机会被翻译为中文而感到格外欣喜，而这个机会又是由一连串始料未及的幸运事件所促成。首先是我的儿子丹尼尔，他将本书从意大利文翻译为英文，作为送给我的礼物；接着是中央民族大学的游斌教授来意大利都灵理工大学访问，他在与我交谈中得知本书，并表示有兴趣阅读，我便将我儿子的英译本送给他。后面所发生的事情便是我所不知道的了：游斌教授回到中国后，又将本书的英译本给了谢爱华教授，后者觉得该书有些价值，便着手将它翻译为中文。我对两位教授对该书的兴趣和关注深表谢意，尤其是谢教授，他所承担的翻译工作显然是一个并不轻松的任务。

我希望本书能够给中国读者提供一些有用的东西，因为一个人的劳动只有在给他人提供价值的时候才有意义。同时，我也很希望从中国学者对科学与宗教关系这一主题的各种精彩评论中受益良多。

重要的事情不是传授真理和某种确定的知识，而是激发个人的研究兴趣。理性与科学的方法无疑十分重要，应将其自洽的应用于科学探索和理解的事业。但严格地应用它们，并不会导致永恒的、系统的确定性知识，而是激发持续研究的动力。是怀疑，而不是简单的、永恒的确定性在推动着人类进步。科学是一种永不间断的探求，信仰也是，不过是遵循不同的道路。我们不应该停止探求的脚步，并且切记：在这场无尽的探求之旅中，最具有建设性的态度便是保持一颗谦卑之心。

安基诺·塔塔格里亚

2015 年 1 月 30 日于都灵

前　言

长期以来，在通常所说的西方，实际上是指西欧和美洲大陆，围绕科学与信仰之间的关系问题爆发了旷日持久的争论，有时甚至发展到激烈冲突的程度。尽管争论中可能会采用不同的术语，比如，有时我们会谈论信仰与理性的关系，但实质是一样的。虽然一般说来争论和冲突确实更多的是起于历史的而非文化的原因，但同时它们也都是以文化讨论的面貌出现的。因此，我认为我们的分析必须深入到这个层次，以揭示（除了文化以外的）所有其他的原因，并在消除混淆与误解——如果确实存在的话——的基础上讨论它们。

如果我们的讨论局限在文化领域内，那么，特别是自启蒙运动以来一直延续到今天的最流行的看法之一就是：科学与信仰的关系是而且只能是不可调和的。这种观念在实践上会引起非常严重的后果：在极权主义的体制下，它将导致人为地消除宗教，甚至将信仰者从肉体上加以消灭；或者，在一个宽容的、自由主义的政治环境里，也只是“承认”持有宗教信仰可能是人类的诸多癖好之一，如同集邮与攀登冰川那样，只要那些信仰者不试图超出私人领域而给他们的信仰一个社会的维度。

还应该强调的是：由于我上面所提到的态度有很深的人类心智的根源，有很强的生命力，因而，这种不相容的论点对“科学的”阵营一方所产生的后果，也会表现在科学的反对者一方；在那里它也会导致从对科学技术的彻底拒绝这种不值一提的立场，直到对科学技术的认可，如同他们对信仰的皈依那样。

总之，有许多因素需要考虑，我们应该尽力避免像观看足球比赛的观众那样；对他们来说，首先和最重要的是选择支持哪个球员或球队。我们在这个论题上已经耗费了无数的笔墨，每一种可能的态度都不止一次地被阐述过了；但同样毫无疑问的是，任何文字的东西，即使我们已经读过，但如果没有经过我们自己心灵的思考，对我们来说也毫无意义。① 最重要的发现与结论都是个人性的；他人的思想会对我们有所帮助，但却不能代替我们自己思考。因此，为什么不尝试使用我们能够获取的工具进行思考和探索呢，这样即使不能奢望我们的所有结论都是原创性的，但也不必用“我们不可能知道前人的所有的思想”这样的借口来为自己辩解。

---

① 据说歌德说过这样一句格言：“所有真正智慧的思想都已经被思考过千百次了；但要想把它们真正变成自己的，我们必须认真地把它们再思考一遍，直到它在我们的个人经验里扎下根来。”

我是一个职业的物理学家，在我的专业和社会角色之外，长期以来我一直对所有未知事物保持着兴趣并为之深深迷恋。就我个人来说，也许我并没有特别的资格谈论科学与信仰的话题。但我可以以一个基督徒的身份谈论信仰，当然不是作为神学家，而是明显作为一个有罪之人。我也可以谈论科学，当然局限于物理学，因为我是一个物理学家。但是，谈论科学与信仰，也就是说分析它们之间的关系，则完全是另外一回事。要想解决这样一个问题，需要具备涵盖广泛且差异巨大的各门学科领域的知识：从心理学到物理学，从哲学到神学，从历史学到生物学，从数学到经济学，等等。在这方面，我必须从一开始就声明：我的权威仅仅局限于非常有限的知识领域，对其他领域我只是一知半解，仅此而已。

虽然如此，我仍然自信地可以将自己掌握的所有因素组织为一个整体，以形成一幅理性的并尽可能是有机的图像。这是否足以使我在所有那些过去已经写过的以及现在正在写着的关于科学与宗教关系的著作的作者们中间拥有自己的一个位置呢？这些作者们有的拥有在上述所列某一特殊领域的深邃的学识，无论是在神学方面，还是在化学、生物学、哲学等方面；还有的似乎甚至宣称他们在几乎所有重要的领域都拥有足够的知识，从语言学到认识论，从量子力学到经济学，从护教学到几何学。我不知道，但我会尽力尝试。

科学与信仰

要尝试讨论科学与信仰之间的关系，首先和最重要的是必须定义这种比较的边界，以明确我们所谈论的对象是什么。

◆信　仰

我从信仰开始：我们用信仰这个词指的是什么？更具体地说，我在这里和下面所用的“信仰”这个词指的是什么？我们可能会说信仰就是值得我们信赖的信念，即使它可能没有足够的事实或理性的根据；只要它不与我们的理性相矛盾，否则，我们谈论的就是无意识或病理学，而不是信仰。

当然事情远非如此简单。世界上没有简单的事物，但如果我们要理解所谈论的对象，可以从最基础的东西开始，而将更精准的定义留给专家们去考虑。但我仍然愿意对此作进一步的考虑。我用信仰这个词指某一个或者某一组信念，在“证明”这个词的技术含义上，它们既不能被证明为真，也不能被证明为假；或者借用波普尔的术语来说，它们是不可证伪的。[①] 当然，我这里所描述的信仰概念包含了比单纯的宗教信仰广泛得多的含义。

也有这样一些信念，虽然目前没有事实的支持，但至少在理论上它们是可以被证实的。这些信念是某种类型的信赖的表达，无论这种信赖是来自于我们的直觉还是亲身经验的权威。

我们目前知识的很大一部分都是这种基于信赖的信念，因为我们可以直接证实的东西很少。很多人只相信以某种特定的方式发生的某种事实而不相信另外的事实：它肯定发生了，“因为电视上报道过了”，或者“因为论文里写过了”，或者因为首相、政治领袖、娱乐界巨星或者教皇是这么说的。有时这些信念是短暂的，但有时它们被刻在了石头上，即使被事实否定也不会褪色。我不会讨论这一类的信念（社会心理学家与社会学家可能会关注它们），它们也与我在这里要重点讨论的主题没有关系。

当人们谈论（或争论）信仰的时候，似乎没有必要专门说明他们指的是宗教信仰，换句话说，是对上帝的信

① 卡尔·波普尔是 20 世纪伟大的认识论家。他提出“证伪”的概念作为检验理论的科学性的判据：一个理论是科学的，只有当它能够设计出一个判决性实验，实验结果能够决定该理论被证实还是被拒绝。

仰。在这里我不想涉及深奥的神学的或哲学的定义，可以对该信念简单地表述如下：相信上帝是这样一种信仰，即世界的存在应该归结为一位超越的、完美的、全能的存在（这些词汇在西方文化传统里很常见，而不见于其他的文化传统，但这并没有改变该定义的实质）。

事实上，在人们想象出来的信仰与科学之间的冲突中，信仰在西方主要指的是基督教信仰，在某种程度上也可以相应扩展至犹太教和伊斯兰教。即使其中至少有某些评论是指向所有宗教信仰的，但它仍然主要是面向所谓“有经人”①（peoples of the book，伊斯兰神学的术语），即这三种伟大的、一神论的启示性（根据那些宣称信仰它们的人的信念）宗教。

我前面已经提到过，之所以关注这三种起源于近东的伟大信仰，是基于某些具体的历史原因，我在此不会在细节上展开。事实上，这三种宗教发生最尖锐对峙的地方是在（现在已经全球化了的）“西方”，它们极大地影响了基督教的历史发展。基督教徒们相信：上帝通过化身为人（上帝之子）的方式干预历史，因人世的邪恶与暴力而受难（从另一方面讲，这也是某种带有宗教性的残酷），直到作为罪人被处死，并从死亡中复活，为全人类昭示拯救之路，简单地说，昭示世间万物，包括我们生命存在的

① Ahl al-Kitab.

意义。

基于以上考虑，我在本书中将主要讨论基督教，当然其中很多观点也适用于一般意义上的宗教信仰。

当我们谈论一种宗教，以及那些自称信仰它们的人的行为与信念时，我们发现：根据我在前面所给出的信仰定义（我也许会经不住诱惑使用大写字母，但我对通过将日常词汇改变拼写的方式来获得不寻常的意义的做法有一种日益增长的不信任），无论是对于信仰，还是对于我前面提到过的那些一般的信赖，我们都趋向于诉诸某种权威或者证据，或者其他类似的东西。我们在后面还会看到，正是后者（寻求证据）不仅充斥着我们的整个生活，它也必然地出现在科学的世界里，舍此无他。我将努力探索真正的信仰，并且，尽力不被我们日常生活中碰到的那些或大或小的权威原则所左右而偏离方向。

◆科　学

什么是科学？专家们可以而且已经为此写下了连篇累牍的文字。在此我只能局限于作出一些简单的、远非系统和全面的思考。我仅仅作为一个实际的科学工作者发言，而不是一个科学理论家。

我想通过一个笑话来投机取巧一下：[转引贝奈戴

托·克罗齐（Benedetto Croce）① 的话］既然每个人都在谈论科学，我可以这样写："科学就是大家都知道的那个样子。"但如果更严肃地考虑这个问题，我们就应该思考我们经常谈论"科学"是否适当，或者我们是否应该把它写作复数"学科"（sciences）。在各种争论和立场中有一个比较简明的信念：无论它们的研究主题有多么巨大的差别，其中总有某种东西可以将各门现代科学有效地整合在一起；这个共同的元素一般被认为是方法，确切地说，乃是实验方法。就是这个共同的特性使得我们可以用单数来谈论科学（science），它不同于信仰，按照某些人的看法，它与信仰是矛盾的，或至少有明显优于信仰的特征。

现代实验方法源于培根的哲学观与伽利略的实践观。从那时起，人们认识到仅仅依靠理性的推理还不足以获得科学知识，理性还必须能动地作用于自然界，处理通过对自然的系统观察而得来的实验数据，并设计实验来检验我们的理论或对自然现象的解释是否正确。在此基础上，知识通过将实验数据整合进解释性的范式而增长和发展；当然范式也会发生变化，但一般来说，后来的范式会与先前的范式的内容合并：科学知识就在这个意义上不断累积进步而不会退步。

① 贝奈戴托·克罗齐：《论美的本质》，《美学简论》，阿德尔菲，米兰，1990，书的开头部分。克罗齐在该书中谈论的实际上是艺术。

这就是我们谈论科学进步时的含义。在大多数情况下，科学进步指的就是纯粹的、单纯的“进步”，指人类生活条件方面的改善，虽然20世纪发生的很多事件已经动摇了这一信念；它从各个方面都摒弃了科学的功能范围，而把它看作意识形态的一部分。

将实验方法看作科学的基础究竟在多大程度上是正确的，我将在以后试做讨论。在不做进一步分析的情况下，我把科学的这种根植于事实的客观性也包括进传统的“科学”的定义之中。

在作进一步的分析之前，必须明确一点：开始于伽利略的新科学，最初是用数学语言表达的，后来随着实验科学的进步，它变得越来越复杂。数学除了作为其他学科的语言之外，它自身也是一门科学，而且作为一门具有严格的知识形式的科学，在许多方面比其他学科更为古老。同时，数学的基本特征之一是：在所谓自然科学——如果我们使用这个旧的范畴——的意义上，它并不是一门实验性科学。

的确，数学（无论是几何学还是关于数的科学）最初都是因为实用的需要而起源于美索不达米亚平原与尼罗河谷。同样确定无疑的是，直到数学的许多晚近的发展都曾经而且现在仍然受到实际应用方面的推动。即便如此，在最宽泛的意义上，数学的有效性仍然被认为是不需要物质世界的验证：它的活动范围以及合法性完全内在于人类心灵之中。

使我们感到无比惊讶、好奇或者神秘（也许对某些人来说是一件微不足道的事情）的是：似乎统治我们抽象思想的规则也能够很好地运用于我们关于外部世界的表象。①

无论如何，这里需要重点强调的是数学与自然科学之间的这种区别，它对于我们后面要论及的科学与信仰的关系的主题也十分重要。

另一个重要的区别与这样一些学科有关：它们现在之所以被认为是科学，不是也不可能是基于可重复的实验，而是基于系统的观察。我将主要但不局限于考虑社会学与经济学这类奠基于人类个体或集体行为的科学。

经济学的科学性本质上很类似于星相学（至少是17世纪以前的星相学）。这样说并非是对这门学科的有意轻蔑：星相学是几个世纪以来在精细的、有条理的和艰难的天象观察的基础上发展起来的一门复杂的、严格的科学。微积分与数学在相当大的程度上受到星相学的激发；为了满足观察的需要，更精细的技术和仪器被发明出来，人类也从这些观察发现中获得实际的利益。自远古时代，在美索不达米亚平原、尼罗河谷以及黄河河谷等地对日食的预测，

① 阿尔伯特·爱因斯坦说过：“关于这个世界的最不可理解的事情是它居然是完全可理解的。”

以及导致玛雅人发展出一套复杂的历法的对金星的运行周期的观测，都显示了星相学是何等的重要。由它刺激起来的观测技术的发展可以使我们更加清楚地看到它的重要性，比如，公元前2世纪的安提凯希拉装置（Anyikythera mechanism）①，或者尤卡坦半岛（Yucatan）上的奇琴伊察（Chichen Itza）“天文台”（我们暂且假设它是天文台）的修建（公元9—10世纪）。还有公元15世纪建于撒马尔罕（Samarkand）的大久鲁伯天文台（Great Ulugh Beg Observatory）②，或者由第谷·布拉赫（Tycho Brahe）于公元16世纪建立的乌拉尼堡（Uraniborg）天文台，它包括浑天仪、星盘以及航海用的六分仪等全套观测设备。

通过观测天象，可以以很高的精度识别天体运行的规则性与拓扑性质，虽然我们还不能理解其原因。当然，从某方面来说，从事这类研究的动机是实用性的，因为我们相信天体现象与人类的日常生活之间有一种严格的相关性的信念。这种信念来源于人们认为他们观察到的某种对应性，即使没有直接的证据支持或否定它。古代的祭司—天文学家仰望天空以发现关于未来的预兆或迹象，而伽利略和开普勒也经常绘制天宫图，如果没有别的途径来贴补他

① 在一艘希腊沉船的残骸上发现的装置，1900年在安提凯希拉岛不远的海域中被打捞出来；它现在被认为是一台“天文计算机”。

② Ulugh Beg，蒙古族后裔，帖木儿之孙，从其祖父那里继承了大片帝国疆土，也是著名的数学家与天文学家。

们的经济收入的话。

当代的经济学在某些方面还达不到古代星相学的科学水平，还因为其处理的对象是与**经济相关的**（sub specie aeconomica）人类行为。经济学也是建立在对人类行为的精确观测之上，并且使用了复杂的分析工具，主要是统计学方法，其中有些方法是专为经济学设计的。但与物理学理论相比，经济学理论的有效性就要大打折扣，众所周知，在股票市场上（特别是亚洲市场，当然不仅仅局限于亚洲）作出的非常重要的决策中有很大一部分竟然是来自……算命师的灵感。

我们可以说，就像古代的星相学家一样，当代的经济学家也在从事占卜星象一类的活动，而且，就像过去最好的星相学家—心理学家一样，如果他们的方法是严格的和理性的，他们的预测将与实际的经济运行趋势具有某种对应性，虽然他们从来没有以一种完全确定的方法识别它的运行机理。

总的说来，在当代世界发挥了极其重要的作用的大部分技艺（skills）都是经验的，而非科学的。它们在根本上更接近于指导工匠行为的实用知识的类型，而不是自伽利略以来随着现代科学的兴起不断累积进步的知识类型。它们可能是非常复杂的技术，如哥特式大教堂，或者古代精致的珠宝艺术所显示的那样，但我们并不认为它们具有现代科学的特征。另外，在我们这个技术社会，日常实践技艺［并非巧合的是，它们被称作“能知”(know how)］的很大一部分是经验现象学类型的。绝大部分使用手机的人对手机如何以及为什么能够运行几乎毫无概念，同样很容易证实的是：某些早已被伽利略和牛顿所清除、也应该被从小学到大学的教育所消除的亚里士多德式的自然观，今天甚至在拥有某类专业技术知识的人群中也仍然根深蒂固地存在。

甚至某些专家的日常行为与信念，也常常更多地来源于偏见而非科学知识，而后者甚至在所谓“科学圈”里（scientific circle）也远未得到普及和传播，它们存在于我们前面所提及的特定的技术部门之外。

总之，在本书的讨论中我将主要聚焦于所谓精确的、自然的科学，我用“科学”（science）这个词来统称它们。

何谓真理？

彼拉多（Pilate）所问的问题[1]很可能与那个时代的知识背景有关，而与犹太宗教无关。希腊的许多哲学家[2]，以及大多数的东方宗教思想，都将感官世界当作幻觉，或者至多只是真实世界的不完善的摹本；真实世界的知识只能通过推理（在希腊哲学中[3]），或者在其另一种形式中，通过佛教徒、瑜伽修炼者、基督徒、穆斯林神秘主义者等的典型的冥想才能获得。彼拉多表达了一种现在仍然存在于我们周围的实用主义—怀疑主义的立场。

就我们人类来说，我认为信仰真理关注存在的意义和人类的命运；它不可能仅仅通过推理获得，它是被启示的：真理本身就是第一推动。就其本性来说，信仰真理既不能被“证明”，也不能被通常的实验检验；若果真如此，则信仰本身就不是必然的了，实际上它可能变成消极

① 《约翰福音》18：38：“真理是什么？”

② 比如，生活于公元前5世纪的埃利亚的巴门尼德，其著作为《论自然》。

③ 可以举柏拉图为例，比如在其《理想国》的第七卷中。

的甚至是危险的。但这种思想并没有阻止人们花费几个世纪的时间去寻找关于上帝存在的证明，甚至直到今天仍然有人不时地、幼稚地在寻找着。① 如果这种证明是可以找到的话，那么神学就完全有理由变成数学的一个分支，那时我们将谈论受教育者与蒙昧者，而不再谈论信仰者与非信仰者。同样，就像我们不能找到关于上帝存在的“证明”一样，我们也不能证明上帝的不存在，因此，流行于20世纪的“科学的无神论”的功能只不过是神学的功能的一幅悲剧性的漫画，或者一种“信仰”的表达，它也是“被启示的”（在政权的控制下），并且是完全独断主义的。②

这样通过把（基督教）信仰的内容置于启示的背景之下，从而使之超越了人的理性，虽然它仍然在我们每个人都可以理解和可以接受的（出于自愿的选择）范围内。

---

① 19世纪上半叶那不勒斯数学家文森佐·芙洛蒂（Vincenzo Flauti）出版了《论神迹》（*Teoria dei miracoli*）一书，对上帝的存在提供了一种数学证明。1854年，形式逻辑之父乔治·布尔（George Bool）在其著作《思想的法则》（*The Laws of Thought*）第十三章将一组公式与上帝存在的证明联系起来，这是一个多世纪前神学家萨缪尔·克拉克（Samuel Clark）曾经建议过的方法。在20世纪，甚至我们后面将会谈到的库尔特·哥德尔（Kurt Godel），也建立了一个“关于上帝存在的数学证明”。

② 就像在今天（2009年），由“理性主义无神论者与不可知论者联盟”（Unione degli Atei e Agnostici Razionalisti-UAAR）在意大利、西班牙和英国的几个城市的公共汽车上所发起的广告宣传活动，倒是非常适合于“宣传善意”（de propaganda fide）的传道组织。

现在让我们来看看关于科学真理的情况。

◆数 学 真 理

在关于科学与信仰的争论中，我们有时会碰到这样的立场，无论是明确的还是蕴含的：真的就是能够被证明为真。这种方法就是典型的数学方法。数学一般被认为是属于类似“2+2=4”的领域：冷峻而不可否证。情况果真如此吗？

然而，甚至在数学的领域里，真的就是仅仅能够被证明为真这一点也不成立。在20世纪30年代，出生于澳大利亚的美籍数学家哥德尔（Kurt Godel）证明了两个重要的定理。忽略证明的技术细节，该定理证明了在任何一个包含自然数的基础理论的公理化系统内①，必定有一些命题是真的但不能被证明为真，或者是假的但不能被证明为假。②

① 这是可以从一组公理逻辑推论出的一组命题。公理是不需要证明而假定为真的命题，它们可以作为建立一个自我一致的系统的逻辑起点。

② 在一个特定的逻辑系统内部有许多的不可判定命题的例子。一般说来，其中有许多技术性术语若不加解释我们就难以理解。我将仅仅提到被哥德尔和保罗·科亨（Paul Cohen）在传统的集合理论的公理化的范围内已经识别的几个例子，即所谓选择公理和连续统假设。

哥德尔的天资异常聪颖，但他从小心理便极端脆弱；他于 1978 年死于饥饿，因为他相信有人要毒死他而拒绝进食。也许需要像他这样的人的一生作为代价来“证明”这样一条真理：有一些逻辑真理……是无法被证明的。

有人可能会认为这种情况只适用于数理逻辑的抽象世界，但情况并非如此。我们不要忘记，形式化的数学与逻辑包含着语言物理学（language physics），并且一般地包含着自然科学及其应用，通过这种语言，它们描述了世界。从本质上讲，没有一种数学——形式化的科学知识能够证明它的前提所有蕴含推论，而无论它们在单个的具体的事例上具有多么高的可证实性。

◆ 物理学真理

如果说数学中也含有不可证明的真理，那么物理学呢？前面谈的是可证明性问题，我们现在谈谈可证实性问题。

对于一个物理学家来说，可以用实验检验的就是真的。原则上说不可能有终极真理，因为总会有新的事实出现，从而修正已经建立起来的用来解释旧事实的理论模型，但真理总是在进步的，并且具有适应性，随着我们的经验以及有条理的研究而增长扩展。至少一幅理想的物理学的肖像画就是如此。要知道物理学的这幅肖像是否以及在何种程度上是正确的，我们需要更深入地检视一下这门学科在最近两个世纪的发展状况。

在整个 19 世纪以及 20 世纪初，物理学的领域实际上是如此广阔而分化，以至于我们可以把它看作是一组而非一门单一的学科，它在严格实验的基础上，在理解物质世界方面取得了飞跃性的进展。对于整个 19 世纪以及 20 世纪的大部分物理学家来说，他们认为自己不需要运用“形而上学”的判据来确定真理，因为“真理”就在那里，就在世界之中，它是客观的、可检验的。

比如，我如何知道光是否由微粒组成的呢？我会设计一系列相关的实验并对结果进行分析；我不会去参考历史上的哲学家们对这个问题的看法，我也不会去求助于“先知”或当代科学共同体的意见。

这种相关性以及实验方法的主导地位导致了实用知识与技术的巨大进步，以及工业的迅猛发展。在整个 20 世纪，漫画书里的科学家的流行肖像是一个在摆满了各种稀奇古怪的机器的实验室里穿着白大褂的人。直到 20 世纪 30 年代，恩里克·费米（Enrico Fermi）和他的著名的 Via Panisperna 小组的同事们①还依靠从化学家那里买来的罐状的药剂试管和从罗马的物理研究所的院子里用来养金

① 罗马大学的物理研究所，当时位于 Via Panisperna。

鱼的喷水池里取来的水进行实验，使我们在放射性以及原子核方面的知识取得了实质性的进展。今天，情况已经大不相同了：实际实验所用的仪器再也不是临时拼凑的了，一大批十分复杂的智能型的高技术设备，用于处理原始数据以获得我们所预期的结果，这比实验本身重要得多；而且实验所采用的方法已经预先包含了需要证实的大部分理论。将事实与对事实的解释分离开来并非总是那么容易，在科学研究最前沿的实验往往也是最缺乏可操作性的，有时甚至是完全不可能的。

物理学知识的进步以某种方式加强了学习的“中间地带”，将我们未知与未理解的东西的限度向极大与极小两个相反的方向推进。在微观方面，我们已经深入到比原子核的尺度小得多的物质的内部结构，再往下（意味着越来越接近我们称之为“基本粒子”的实体）需要越来越高的能量，该能量的数值之高，实际上为我们在地球上的研究设置了无法逾越的限制。

在另一个极端，我们的观察也已经达到如此遥远的距离，如果我们用光线走完整个行程所需要的时间来度量的话，其数值将远远超过整个宇宙的年龄（大约 140 亿年）的 99%。根据定义，在这样大的尺度下进行实验是不可能的，观察也只能提供我们的实验装置所能够提供给我们的东西，而对于验证的许多理论来说，它们是我们所需要的东西中最微不足道的一部分。

在这种条件下，基础物理学正越来越经历我称之为“形而上学”漂移的过程［取该词的字面意义，即“物理学之上”①］。对于尚未解决的问题，物理学家根据已知的事实（往往非常稀少），从一组公理或基本假设出发，试图逻辑地推导出问题的可能的答案，这些公理或假设彼此一致，但未经证明。这种方法很类似数学方法，虽然它不属于数学的范围，因为它被应用于物质世界，并且原则上是可检验的，如果它尚未被检验的话。

物理学的伟大范式

物理世界中尚未得到解决的问题可以用在20世纪发展起来的两个互不兼容的科学范式来解释：广义相对论与量子力学。有人一直在努力地调和这两个概念框架（实际上大多是试图把前者融入后者），但直到今天这种努力仍然没有成功。

这两种范式（请注意，它们各自都是成功的）之所以不兼容，麻烦的根源就在于哲学家的老朋友之一：时间。什么是时间？（Quid est tempus?）奥古斯丁这样问自己，并且回答说，如果没有人问他的话，他知道的很清

① 在亚里士多德的著作体系中，指那些在讨论了物理世界的知识之后的著作的名字。

楚，而一旦有人问他，他就糊涂了。①

◇相 对 论

爱因斯坦解决时间本性问题的方法（在物理学领域内）是将其转换为四维时空（除了长、宽、高之外，还包含时间），实际上它与传统的三维时空并没有本质的区别。根据这种观点，对物理世界的描述被还原为几何学问题。特别是它将万有引力描述为空间和时间的几何学性质，从而将其融入统一的时空框架。

广义相对论包含了上述结论，除了更加优雅（虽然用“优雅”这个概念来形容科学理论似乎很不科学）之外，并解释了、更重要的是预测了后来实际观测到的几个现象。爱因斯坦的第一个成功是解释了天文学家早已观测到的水星近日点的进动。虽然该现象也可以用别的理论解释，但不如相对论的解释具有普适性。另一个成功是广义相对论预言太阳的引力场将使得经过太阳附近的光线发生弯曲，这个预言最先被爱丁顿 1919 年在日食期间所做的观测证实。② 当然，得益于后见之明，我们现在知道，由

① “Quid est tempus? Si nemo a me quaerat, scio; si quarenti explicare velim, nescio!”（What is time? If nobody asks me I know; If I wanted to explain it to those ask me I don't!）圣奥古斯丁：《忏悔录》，XI，14。

② 20 世纪早期英国天文物理学家阿瑟·艾丁顿爵士（Sir Arthur Eddington）。

于实验的误差，其验证结果远不像当时人们所接受的那样准确无误。但无论如何，的确是从1919年之后，爱因斯坦的理论开始广为传播，并且通过媒体的宣传，至今仍然有很深的影响。当然，后来又有人作出了比爱丁顿的实验精确得多的更多的实验验证。

从广义相对论方程的解中还可以得到另一个爱因斯坦本人不喜欢的预言，以至于他试图修正他的方程来回避这个麻烦，这就是宇宙膨胀的预言。① 但无论爱因斯坦本人喜欢与否，宇宙膨胀的预言在1929年也被证实了②：散布在宇宙中的各个星系团很明显地正在彼此分离，其速度随着它们与我们的距离的增加而增加。③

爱因斯坦不喜欢这个预言的原因是，如果我们将宇宙的膨胀往回追溯，结果并不是像通俗读物误导我们的那样，得到一个单一的几何学的点，而是得到一个密度无限大的状态，这无论如何都相当于说宇宙有一个**开始**（beginning），从而带来某种超科学的暗示。爱因斯坦和他同

---

① 俄国数学家和宇宙学家阿列克桑德·弗里德曼（Aleksandr Friedman）和比利时牧师、物理学家与天文学家乔治·利梅特（Georges Lemaitre）在20世纪20年代各自独立的发现，当爱因斯坦的方程应用于宇宙时，意味着宇宙将随时间而膨胀。

② 这由美国天文学家和天体物理学家埃德温·哈勃（Edwin Hubble）的观察所证实。

③ 目前关于宇宙膨胀的最新消息是在1998年末发现的，它表明宇宙似乎随时间加速膨胀：至少在包括我们人类在内的宇宙生命的阶段是如此。

时代的许多物理学家一样（也包括爱因斯坦之后的某些科学家①），相信宇宙处于某种类型的静止状态：后来的状态和以前的状态没有多大的差别，从永恒到永恒。实在世界本身“主动”证明了爱因斯坦是正确的，虽然他自己并不这么认为，这也可以算作科学方法的一个富有积极意义的特征。

至此，已没有必要更深入地讨论宇宙学的问题了，无论是通过科学之眼还是通过信仰之眼，当然也没有必要进一步讨论相对论的深奥的技术一数学方面的内容。重要的是我一开始就提到的：对于相对论来说，时间是类似空间的一个维度（忽略一些技术细节），在一个特定的四维时空里可以帮助我们识别被我们称为“事件”的“点”，恰如在日常生活里，我们用与地板以及与两面相互垂直的墙的距离可以用来定位桌角的位置一样。

从本质上讲，宇宙好比是“画”在一张四维的纸上（我们无法想象四维的事物，但我们可以对它进行完美的数学处理）。如果真是这样，则过去与未来仅仅是表述方式的差别：所有事件都同时呈现在一张“纸”上。这种观念使我们联想到古老的预言书，所有已发生或未发生的事件都已经被记录下来，这倒是一件十分有趣的事情。

---

① 其中最著名的可能是英国天体物理学家弗雷德·霍伊尔（Fred Hoyle），他创造了“大爆炸”（Big Bang）这个术语（带有反讽的意味），通常用来指初始奇点。

从这个观点看来，相对论（无论狭义还是广义）在某些方面可算是19世纪最后一个伟大的物理学理论，虽然它正式形成于20世纪初。世界以严格的机械论的术语被描述，这多少有些类似于笛卡尔描述宇宙的方式。很明显，在这样的范式内，我们对于人的自由和良知一无所知，因为没有任何事情是开放的或者是可变的。我们对这个世界的感知是否仅仅是一种幻觉？然而，对于某种类型的机器人来说，甚至连幻觉这个词也没有什么意义。

请记住，我们这里谈论的并非哲学的玄想，而是被无数的实验证据证实了的物理学理论。比如，关于“现在”的消失，我们有同时性的相对性的概念，这在狭义相对论刚刚提出时的确引起了震惊（直到今天它仍然是使该理论的初学者感到神秘难解的内容之一）。如果我们考虑在同一时间和同一地点的两个观察者，他们做相对运动，对其中一个观察者是同时发生的两个事件，对另一个观察者来说则是相继发生的，反之亦然。这个令人惊讶的理论已经在物理现象学的几个事例中得到了间接的证实。当然，事情要按照我上面描述的样子发生，必须满足如下条件：当一个事件发生在另一个事件的将来的时候，它们仍然是可以共存（coexistence）的。

我们的日常经验可以用一条线来表示，其中每一个小的点，对应于时空坐标里的一个“故事”；我们可以用线上特定的点标记每一个过去和将来，但整条线已经存在于那里了，这使得那个关系到我们是谁以及我们的命运兴衰沉浮的秘密，显得更加深奥难测。

虽然有无数试图发展或修正相对论的努力，但从这个理论的提出到现在几乎一个多世纪过去了，相对论仍然保持着其理论上的威力和数学体系上的和谐。

◇量子力学

现代物理学的另一个伟大的范式是量子力学。和相对论一样，它也引起了我们的惊讶和不安。我将避开技术方面的细节，而仅仅关注它给我们带来的悖论。

由马克斯·普朗克（Max Plank）开始于1900年，继而爱因斯坦（Einstein）在1905年，后面还有一长串伟大的物理学家的名字，如尼尔斯·玻尔（Niels Bohr）、埃尔文·薛定谔（Erwin Schrodinger）、维纳·卡尔·海森堡（Werner Karl Heisenberg）、保罗·狄拉克（Paul Dirac），等等，他们相继发现在原子和亚原子尺度的微观领域里，如果我们仍然把组成物质的微观粒子看成是微小的固体对象（一个点状的球体）的话，那么实验观测到的很多现象都无法得到解释。而如果把它们看成是“波”的话，事情便迎刃而解了。简单地说，对于同一个对象，比如电子，根据初始条件和要计算的数的大小不同，我们有时候需要把它看成粒子，有时候需要把它看成“波”。这种波粒二象性也适用于光，至少从19世纪初开始，由于托马斯·杨（Thomas Young）的双缝实验，光就被认为是波，从而抛弃了牛顿的光的粒子理论。无论那时还是现在，这里的悖论都在于：用于描述电子（我们用同一个例子）行为的方程是波动方程，但当我们基于由这些方程得到的预测，设计实验来探测电子的时候，电子却又以粒子的形态出现。正是尼尔斯·玻尔采用了互补性的概念来表示微观粒子的这种二重性：组成宏观物质（也包括电磁辐射）的那些微观成分的性质同时既是波，又是粒子；当然，在我们实际探测它们的时候，它们只能表现出其中的一个性质。我们日常生活中的宏观物体不会表现出任何类似的行为，但同样毫无疑问的是：任何具有广延性的物体，包括我们自己，都是由无数的适用于互补原理的微观粒子组成的。

对于我们人类来说，最有意义的当然还是另外一方面，当然它与我刚刚提到的互补原理也是有联系的。描述微观粒子行为的方程是波动方程，但它有十分精确的定义，并且在某种简单的、但是重要的情况下，可以精确求解。

尽管如此，量子系统，即在原子和亚原子尺度上的物质系统的行为仍然是不能精确预测的。描述电子在给定条件下的方程（组）的一个解是一个特定的波函数①，它如果不是可以在任意地方取值的话，也是可以在整个空间区

① 熟悉该领域的读者知道量子力学的理论的精致和概念的复杂性；我希望他们能够谅解我在此所做的过于简化的表述，我集中讨论概念的本性，而不是形式上的严格性。

域取值。但没有人能够观测或测量到波函数本身（per se）：从根本上说，一个测量装置能够探测到的只是粒子出现在这个位置而非另外的位置，以及表现出某些而非另外的特征。

波函数与被探测到的微观粒子之间究竟有什么联系？根据波函数，我们有可能计算出实验结果是此而非彼的概率，仅此而已。换句话说，即使所用的基本定律是决定论的，方程也是完备的，即使所有的参数值和初始条件都是已知的，我们也不可能哪怕是在原则上预测单个量子的实验结果。我们能做的仅仅是计算在多个可能的结果中，每一个可能的结果的概率分配。也就是说，如果我们重复同样的①实验 100 次、1000 次、100,000 次，原则上我们每次都会得到不同的结果，但它们的取值将围绕那个最大可能的数值波动。

一个给定的量子系统自身没有单一的未来，而是有多个可能的未来，虽然它们各自具有不同的概率。方程及其解的这种性质对科幻小说来说具有非同寻常的意义（也确实有大量的关于此类主题的科幻作品②），虽然它们有时采取了貌

① 每一次都有同样的条件和同样的初始值。

② 除了纯粹的科幻作品外，还有一些半科普半虚构的作品，比如乌克兰（美国裔）物理学家乔治·伽莫夫（George Gamow）20 世纪 30 年代以来所写的系列短篇小说：《汤姆金先生历险记》、《汤姆金先生探险原子》、《汤姆金先生在自己身体里面：新生物学探险记》、《汤姆金先生了解生命》。

似完全合法的科学理论的形式，比如，由休·艾弗列特（Hugh Everett）于1957年提出的多世界理论就是如此。[1]

围绕量子力学的不同解释所产生的争论已经持续了至少90年，今天，我们可以像诺贝尔奖获得者理查德·费曼（Richard Feynmann）那样毫不夸张地说：没有人能够宣称自己真正懂得了量子力学。但这并没有妨碍量子力学成为一个取得了非凡成功的理论，它在分子、原子和核物理学领域里都取得了飞跃性的进展，也是对我们日常生活影响深远的无数技术应用的理论基础。[2]

同时，量子力学的理论基础与相对论不能兼容的事实也有目共睹[3]，根据后者，未来已经发生，时空中的一切事情都已被完全决定。

量子力学与相对论发生冲突的另一个领域是超距作用。现代物理学，特别是相对论，已经抛弃了“远距离相互作用”的任何可能性。任何事件都必须有定域的、即时的原因：如果某个事件在某处发生，则意味着作为先

---

① 休·艾弗列特第三（Hugh Everett III），《量子力学的“相对性状态”描述》，《当代物理学评论》，vol. 29，no. 3，1957年7月，pp. 454-462。

② 在医疗健康领域，有核磁共振成像技术以及正电子放射X线断层摄影术（PET）；至于材料科学方面，有电子显微镜，大量被应用的激光技术，可以操作单个原子的纳米技术的理论基础也是量子力学；大部分微电子学没有量子力学是根本不可想象的，等等。

③ 确切地说，量子力学与狭义相对论是相容的，而与广义相对论不相容。

导事件的原因也在该处发生。这说明没有任何原因能够在它发生作用范围以外的另一个地方产生瞬时的效果：任何物理“信使”在从相互作用源到它显示效果的系统的过程中都必须花费时间。进一步说，任何相互作用都必须以有限的速度传播，这个速度可以非常快，甚至是光速，但它毕竟是有限的。总之，远程瞬时作用只能发生在巫术的而非物理学的世界里。

而现在，量子力学方程的性质，以及其普适性（在任意地方都有效）的解依赖于定域性条件的事实，导致某种非常类似于远程作用和瞬时传播的事件发生。爱因斯坦很看重这一点，特别是在20世纪30年代，并一直坚持认为量子力学在某种意义上是不完备的。当然，量子力学并非是像爱因斯坦声称的那样“不完备的”，但它似乎的确暗示了某种超距作用。① 这里量子力学与相对论也出现了难以调和的分歧。

◇ 可预测性与不可预测性：决定论混沌

我们已经看到，根据量子力学，这个世界本质上是不可预测的，即使我们已经知道了驾驭它的机制。但如果不是一定要用某种普适性的术语及其衍生体的话，我们也没有必要用量子力学的极端复杂抽象来表达科学预测未来的

① 从技术的观点看，该论证涉及爱尔兰物理学家约翰·贝尔（John Bell）于1964年提出的不等式，及其后来的实验验证。

这种不可能性。实际上经典物理学就已经完全够用了，虽然在1963年之前[①]，这还不可想象。在那一年，美国气象学家爱德华·洛伦兹（Edward Lorenz）的一篇论文开创了一个新的研究领域，它导致了一个字面上看起来明显矛盾的、后来被称作“决定论混沌”(deterministic chaos）的概念。

什么是“决定论混沌”呢？在物理学上，复杂系统（由很多相互作用的部分组成的系统）的行为是由数学方程来描述的，这些方程在大多数情况下是非线性的，简单地说，在这些系统里，与直觉告诉我们的正好相反，结果与原因并不是简单的正比关系。

在这种情况下，初始条件的一个我们甚至感知不到的微小变化可能会引起完全不同的结果；在一个完全混沌的系统里，甚至初始条件的一个“任意小”的变化都会引起完全不同的结果。[②] 我想再次强调的是，所有这一切都

① 实际上在这之前该问题已经多次出现，比如在尤勒·亨利·彭加勒（Jules Henry Poincare）那里，但它从未引起足够的重视。

② 令人惊讶的是，埃德加·艾伦·坡（Edgar Allan Poe）在他1842年的一部文学作品里对这一思想做了很好的表述，下面一段引文来自他的《玛丽·罗杰的秘密》(*The Mystery of Marie Roget*)：“因为，相对于其后的分支来说，应该认为哪怕是两种情况的事实稍微有一点点偏差，也会彻底改变事件的进程，从而给计算结果带来严重误差；这很类似于在算术中，就其本身看来完全是微不足道的错误，但通过与该过程中的所有点相乘，产生了一个很长的与真实值相差巨大的结果。”（《神秘与想象的故事》，CRW出版社2008年版，第278页）

发生在我们熟悉的、决定论定律起支配作用的环境里。

一个典型的例子是气象学。众所周知，今天气象预测所达到的可靠性程度是几十年前无法想象的；但要预测未来超过四天的天气的话，其可靠性就要大打折扣了：大气层的行为本质上是混沌的，如同生物系统的某些方面是混沌的一样，流体系统或更一般的热力学系统也是如此。

总之，即使在 19 世纪的物理学的范围内，即使知道了初始条件，未来仍然是本质上不可预测的。

◆ 一幅和谐图像？

根据前面几章的论述，我们看到物理学并没有提供一个关于物质世界的完整统一的世界观。它实际上给出了两个同样成功但彼此却不兼容的概念框架。一方是严格的决定论的相对论，另一方是本质上是概率论的量子力学。对于一方来说，未来已经给定；对于另一方来说，有多个可能的未来，虽然它们具有不同的概率。无论如何，即使采用的是决定论的模型，未来仍然是本质上不可预测的。

当然，初看起来，量子力学似乎更适合于这样一个世界：它的目的是为了人类这种生物在其上定居，并希望在某种程度上塑造（build）他们自己的未来。而且正如我们所期望的，的确有人在这个意义上诠释量子力学[①]，无论是在基督教世界还是在其他的灵性世界的环境里［可以参看卡普拉（Fritjof Capra）的《物理学之道》］。当然，当我们将在物理学—数学的学科里发展起来的范畴与理论应用于哲学领域时，必须十分的谨慎小心。

长期以来，一直有人在努力试图消除广义相对论与量子力学之间的矛盾，但他们从来都没有取得令人信服的结果。总的来说，原因可能是如我前面所说的，由于它们都过于“人化”（human）；无论这些努力在形式上多么深奥难解，它们都试图将相对论追溯到量子力学，或如他们所言，使引力“量子化”。目前，理论物理学家感兴趣并沿此方向发展的分支领域主要有两个，但它们彼此之间并不完全兼容：一个是“弦”理论，如此称呼它是因为它假设物质的基本成分是极小的、类似弦或细绳的一维的对象；另一个是基于空间的分立性质的环量子引力理论（Loop Quantum Gravity）。无论哪种路径，似乎都需要将空间与时间明确地分开，而且至少在弦理论的情况下，还要求有无法感知的、在规范的四维之外的另外的时空维度的存在。

---

① 比如，尤里安·巴伯（Julian Barbour）的《时间的尽头》（*The End of Time*）。另外，1965年的诺贝尔物理学奖获得者理查德·费曼（Richard Feynman）在某些方面也持此观点。

物理学、形而上学与意识形态

通过前面几章的论述，我们看到那些将物理学真理看作是建立在渐进的和明确的方法之上的某种确定的无矛盾的过程的观点是完全错误的。如果我们将眼光从人类尺度的范围和维度的现象上移开，投射到微观（使用这个词的字面意义）和宇观（观测天空所见）的对象上，其错误就更加明显了。

我前面曾经提到，最前沿的物理学研究一方面关注宇宙及其历史，另一方面关注物质的基本成分（假设这一表达有意义的话）的本质、结构与属性。如果有人不嫌麻烦地阅读了涉及如此广阔论题的科学文献（为了讨论的需要，我们假设他们能够克服阻止非专业人员进入的技术—语言方面的屏障），他们会很容易发现这些发展起来的理论都是高度猜想性的。在这种情况下，科学研究也不可避免地打上了意识形态因素的烙印，因为从事科学研究的人员往往努力去看他们想看和愿意看的东西。最终，对于许多作者和大部分著作来说，情况往往是对某些特殊条件下的结果的一种阐释，而没有经过某种方式的有效性检验（validated），如果不是证实（verified）的话。“如无必要，勿增实体”（Entia non sunt multiplicanda praeter necessitatem）①，奥卡姆的威廉（William of Ockham）在14世纪时这样写道。但是在基础物理学领域里，很多未解决的问题是通过引进新的“场”、新的维度、宇宙物质的新的成分等来解决的。

现在我要回到以前曾经提到过的问题上：超距问题。当我们思考万有引力的时候，或者甚至当我们考虑磁铁对几厘米外的铁钉的作用时，由于因果性的作用要求有特定的时空背景，这样就毫无疑问会产生许多问题。如果我们转引亚里士多德的术语的话，可以说在“动力”与“运动”之间没有任何东西，那么，作用力是如何传递的呢？

对这个问题的解决办法是引入一个当今的每一个物理学家都认为是理所当然的概念，然而它却绝非无足轻重——“场”。场是某种实在的东西，它能够穿透空间（原则上是整个空间，除非有特殊的边界条件对它施加限制），并在时间中持续。场在物理源与同样是物理性的接受者之间传递某种相互作用。剧院里的观众与演员沉浸在同一个声音场里，观众并不是隔着“一定距离”听到演员的声音，而是因为他们的耳膜被空气的振动所激发，这

① “Entities should not be multiplied beyond what is necessary”.（正文中为拉丁文，此处注释为英文——译者。）

种振动的源泉又是来自演员的嘴的动作。这种情况对于声波的例子似乎很容易理解，但在引力和电磁场的情况下就不那么好理解了（而且它也的确带来了很多麻烦）。

从本质上讲，“力场”与亚里士多德的物质运动自然倾向于“适当位置”的概念有什么区别？区别在于场实际上是由特定的数学方程所描述的，因而它的行为在原则上可以精确地知道和预测：这里没有任何神秘和深奥难解的东西。相对于那些偏爱情感的、非理性的解释的人来说，场的概念对于那些偏爱理性精神的人显得更难接受，以至于伽利略一直拒绝接受潮汐是由月亮的运动引起的这个自古代以来就广为传播的观念。因为他实在难以想象，天上的月亮怎么会引起地上物体的运动；他更愿意相信自己基于对地球运动的动力学考察而作出的（错误的）解释。① 对牛顿万有引力理论的绝非无足轻重的反驳之一，就是类似于伽利略（他比牛顿早出生几十年）针对潮汐理论提出的质疑：相距如此远的物体怎么可能施加相互作用，而且，正像万有引力理论所宣称的那样，还是瞬时作用？

爱因斯坦在他的广义相对论里彻底拒绝了超距作用的概念，认为任何相互作用无论在时间上还是空间上都必须

① 这个理论在《关于两大世界体系的对话》（*Dialogo dei massimi sistemi*）的“第四天”中作了较为详细的阐述。

是精确定域的：此时此地发生的任何事件只能归结为此时此地的原因，而不能归结为任何别的事物。一般说来，这种方法意味着，对于局域事件的远程作用源的精细的观察，必须通过位于作用源与局域系统之间的、可以传递这种相互作用的“某种东西”来解释：这种东西，如果用数学术语精确的定义，就是场。这样做的一个直接的结果就是不可能有瞬时超距作用：任何相互作用，包括引力在内，都不可能瞬时传播，也就是说，不可能以无限的速度传播。①

除了它的现代形式之外，我们现在称作“场”的东西以以太的名字在哲学—科学思想史上已经出现了相当长的时间。与伽利略差不多同时代的笛卡尔也曾经认为天体通过以太—涡流相互作用。② 整个 19 世纪（也包括 20 世纪早期）的物理学的主要特征就是（通过理论和实验）寻找发光的以太，也就是光的传播介质，或者一般地说，在空间中传播电磁相互作用的媒介，若不然，便只能是空无一物（empty）。

众所周知（人们也普遍相信这就是事情的结局），爱

① 实际上，瞬时传播的思想与“刚体”的概念相联系：将一根由理想的刚体材料（即不发生形变）做成的棒置于两点之间，在一端施加一个力，在另一端瞬时就会感觉到。刚体是一种理想的抽象，任何作用力都需要一定的时间传播，即使在物质内部。

② 勒内·笛卡尔：《哲学原理》，埃尔塞维尔出版社 1644 年版。

因斯坦在 1905 年已经一劳永逸地消除了以太假设的必要性。在以后的物理学中也的确没有人谈论它了，但通过仔细考察我们发现，以太只不过改变了名字而已：今天，在量子力学中，古老的以太被称为“真空”（vacuum），在广义相对论里，它被称为“空间—时间”（space-time）。

最奇妙的是，在量子力学中，本质上是有效地弥漫于整个宇宙空间（以及整个时间）中的场，却对应着那些传统上被称为“粒子”的物质。

现在我要回到我已经离开很远的主题上了。我们可以说理论物理学家已经有点对场失去了自制力，他们发现，在尊重那些多少有些复杂的数学定律的前提下，增加新的场来解释那些否则就无法解释的事实，简直就是一个方便法门。在现实中，场只能通过由它引起的相互作用才能被探测到；因此，当我们面对一些用我们目前已知的模型无论如何都无法解释的现象时，为什么不通过引进一个新的“场”的存在来解释它呢？

在探测天空的时候，我们发现在每个方向都对应于大致相同温度的辐射，即使发出这些辐射的区域相距如此遥远，以至于它们之间没有任何因果性的接触。这样事情似乎又回到必须假设一个合适的场的存在①，它使宇宙短时间内以非常快的速度膨胀（即所谓“暴涨”），直到某一

① 即膨胀。

点宇宙呈瞬时“凝固”(freezing)状态，暴涨就从这一时刻开始，并立即传播到很大的宇宙尺度。我们还发现从某一点开始，宇宙似乎以加速度膨胀?（问号是原文中有的——译者）如果我们再想象某种可以产生加速度的适当的“暗能量”充满了整个宇宙空间①，一切似乎都迎刃而解了。我们想象暗能量可以采取各种各样的形式，它的性质越令人感到惊奇，其可证实性的程度就越低。

比如，无论宇宙膨胀多远，这种能量丝毫也不会减弱。② 或者我们可以因为其行为的异常，而给它一个与众不同的名字；我们可以从哲学史里借来名称，比如“第五元素”(quintessence)③，或者采用一个更奇特的定义，如“影子能量”(phantom energy)。

我们发现，恒星在涡旋星系中旋转的速度，或者星系团移动的速度可以高于牛顿（甚至爱因斯坦）的引力所能够允许的速度。对于所有这些现象，我们都可以假设某种不可见物质（比如暗物质）的存在，来使其得到有效的解释。

在万物有灵论的社会里，一切似乎难以理解的自然现象都可以归结为众多的专门的神灵来“解释”：诸如水

① “暗”是因为除了由它所引起的效果外，它不以任何方式显现自身。

② 这是“宇宙常数”版本的解释。

③ “第五元素”(fifth essence)是亚里士多德在当时已知的四种元素气、水、土、火之外加上的另外一种元素。

精、树精、云精，等等。难道唯一不同的只不过是现代的我们采用了数学的语言?

关键的一点是，在经过观察和检验的有限的事实的基础上，只要我们保证内部逻辑的自洽性，就可以建立起几个相互独立的概念框架，我们不可能把它们精确地区分开来。

科学的进步，包括那些“精确的”或实验的科学，都不可能是线性的。它们经常是跳跃性的前进，并且除了理性之外，也依靠直觉，以及某种“锡兰王子式的能力”(the faculties of he princes of Serendip)①。因此，无论多么冒险的猜想都值得鼓励。同时，好的科学指导手册告诉我们，那些猜想迟早会与我们生活的世界遭遇，并被事实确证或者否证。然而，在理论物理学的领域里，所发生的情况完全不是去寻找用来“否证”这个或那个理论的判决性实验，而是理论不断繁殖扩张，以至于衍生出实际上可以解释一切现象的各种变体。

这方面最有名的例子就是前面提到过的弦理论，它衍生出了无数的变体（如不同的维数，基本“对象”的不

① 锡兰王子（The Princess of Serendip）（斯里兰卡）是一个古老的波斯童话故事里的三个角色。他们个个都非常聪明，并且在最后总能发现他们最初没有意料到的东西，这些东西可以在他们碰到困难和危险的时候拯救他们，并给他们赞美和奖励。英语词典里因为他们而增加了一个词汇：serendipity.

同的维度性，以及后来引入的“膜”等)[①]，以至于几乎不可能对它们作出区分，也不可能通过实验揭示这些理论自身的基础。彼得·沃特（Peter Woit）写的、出版于2006年的一本书的名字就很好地揭示了这种状况——《连错误都算不上》（*not even wrong*)[②]。而现在甚至包括那些很有名望的科学期刊，也都年复一年地发表数百篇各种新老版本的从繁冗细节上论述这些“猜想性理论”的论文：我们不断地给树添加枝叶，却不去管它的根是否牢固。下面我谈到科学与权威性原则的时候会再次回到这一点。在这里我只想指出的是，一个现代的理论物理学家根本没有资格嘲笑托马斯·阿奎那（Thomas Aquinas）在他的《神学大全》（*Summa Thelogica*）的开头部分依据理性划分的等级和秩序的做法。

---

① 从membrane（膜）衍生而来的词，membrane只适用于二维的对象，而branes可以包含更多的维数，只是比所考虑的空间的总维数少。

② 彼得·沃特，《连错误都算不上：弦理论及其追求物理学规律统一性的失败》（*not even wrong*：*The Failure of String Theory and the Search of Unity in Physical Law*），Basic Books，New York，2006。

生命科学

所有与生命有关的东西都是“敏感的”（sensitivematter），它所涉及的主题无论在理性的还是非理性的层次上，都包含了对与人类有关的东西的深层思考。和其他领域相比，这个领域更是某种先验的信念占据绝对的主导地位；这个事实本身（per se）并不令人惊奇，但是当有人试图把某种科学的特征归于那些实际上并非科学的陈述时，却很可能将人引入歧途。

对我来说，我将尽量努力以一个物理学家而不是生物学家的方式，在逻辑自洽性和依据事实的基础上对此作出一般性的思考。

我们要开始迈出的第一步就足够困难：什么是生命？从科学的观点讲，这个问题需要有一个理性的同时必须是形式化的和符合传统的定义。我不知道是否有这种明确的定义存在。当然我们可以列举出生命的一些重要特征，但要把这个清单变为定义仍然异常困难。比如，生命体必须进行新陈代谢，必须有自组织，但明显受周围环境的制约，必须能够生长，并且发展出适应性机制以对外部刺激作出反应，它还必须能够自我繁殖，等等。对于我们所谈论的生命来说，这些究竟是必要的还是充分的条件？它们仅仅是必要的而非充分的吗？或者它们都是必要的吗？比如，当我们考虑繁殖能力的时候，我们是否要认为没有生育能力的个体，如工蚁，或者没有生育能力的杂交物种，如骡子，就不是生命的形式呢？另外，有的计算机程序可以进化，并且可以以类似生命体那样的方式繁殖（即所谓“人工生命”）：那么我们是否要得出结论，认为内部有这样的活动程序的计算机也是有生命的呢？

我们每一个人都认为自己非常清楚地知道生命与非生命的区别，但是当我们试图把它转化为一组自洽的“清楚明确”的观念时，就像笛卡尔（Rene Decartes）试图定义科学的特征时所做的那样，我们的信念却模糊不清了。

情况就是如此，任何关于生命的定言陈述都是不适当的和高度可疑的，但是在这个问题上的极端的陈述依然多到难以计数。

我们能否使关于生命的任何理性的（如果不是完全科学的）评述至少有一些事实的根据呢？当然，我们可以在生物化学与生物物理学的范围内找到数不清的事实，这些学科是物理学与化学在生命有机体领域里的应用。这些事实可以用实验科学的方法论进行分析，并且，考虑到从中可能得出的结论，不允许任何玄学思维的侵入，尤其是有关信仰方面的东西。我已经说过，这些是物理学和化学被应用到某些特定种类的复杂系统时不断深化的结论。正如我们已经看到的，所有这些结论和观察都不足以使我们得出一个逻辑一致的、明确的和无矛盾的关于生命的定义，尤其是不能解释我们称为生命的东西究竟是什么。

相对于所有这些不确定性来说，还有一件关于生命的事实到今天仍然没有被证伪。在科学的意义上，还没有任何人曾经观察到从非生命向生命的过渡。生命似乎是传递的：生命只能来自生命，而不是起源于非生命。我已经说过，这是来自经验观察的，因此，它在将来可能会被证伪，但直到今天我们还没有发现相反的例子。

有趣的是，实际上亚里士多德关于生命自发生成①，即生命可以自发地从非生命产生的观点，一直到 19 世纪，在医生和科学家当中依然还相当流行。这个观点，像包含在亚里士多德的“科学”著作中的许多其他观点一样，来自于对自然的仔细的、但却缺乏必需的设备的观察。蝌蚪与鳗鱼如何从泥土中产生？蛆又如何从腐烂变质的肉中产生？

首先是显微镜的发明，然后是通过特定的实验，使我们抛弃了这个信念。但是，从弗朗西斯科·瑞迪（Francesco Redi）在他的著作（《昆虫生成的实验》，1688）中首先对该观念发动攻击，到路易斯·巴斯德（Louis Pasteur）

① 参见亚里士多德：《论动物的生成》，第一卷。

的灭菌实验（1864），再到对自发生成观念的最后的摒弃，其间仍然花费了两个世纪的时间。即使它坚持生命是从非生命物质自发产生的，这种观念在当时无论从哲学还是神学的立场看也都不是什么问题。

悖论的是，今天基础生物学研究的重要部分的目标就是：在某种意义上恰恰回到试图证明生命是通过“自发生成”而出现的观点，虽然是在特定的条件下。针对该主题的出版物，无论是学术性的还是科普性的，经常宣传生命很可能是在适当的温度和压力下，并在合适的电磁场的环境中，从一种氨基酸“汤”中产生。

另外，在一种含氨基酸化合物的溶液里重新模拟生命产生的“初始条件”，从而亲眼看到生命的产生过程的努力，从过去到现在一直在实验室里被不断地尝试着。然而，至今还没有一个经过适当的检验被证明成功的案例。我们可以在一些粗制滥造的老式的恐怖电影里发现此类研究的漫画式的形象：被各式各样的仪器和蒸馏瓶围绕着的神经质的、狂热的科学家，试图通过捕获电子放电并将它们注入僵尸的肢体以使生命复活。[①] 现在的实验室里的场

① 1953 年，美国《科学》杂志公布了由斯坦利·米勒所做的一系列实验的结果：将氢、甲烷、氨和水蒸气的混合物置于试管内，并进行放电。这个实验是试图在实验室里重现地球早期有可能将火山爆发释放的气体转变为生命的基本成分的条件。实验证明有几种氨基酸的确可以通过这种方式合成。

景当然远没有如此生动，而是变得越来越专业化：它们从事的是“合成生命”的研究。

如果“人工生命”这个词是指计算机模拟的话，那么“合成生命”则是指通过在实验室里合成某些基本材料以“制造”生命的努力：本质上讲，研究者们是从某种复杂的有机物开始（包括取自生命体的基因系列），试图在试管里制造出类似活细胞的物质。2007 年 5 月 31 日，约翰·克雷格·芬特（John Craig Venter）和他领导的研究所制作出一种被称作“辛提亚”（Syntia）的合成微生物并获得专利权，它共含有 381 个基因。实际上，芬特和他的研究小组所做的工作只是改变并缩减了支原体生殖细胞的基因组，然后将其植入分支杆菌的生殖细胞。

如果说这就是创造了合成生命的话，那么这种说法是缺乏科学基础的。看看这类消息向公众传播的方式也表明了这一点。作为一个例子，我将引用 2008 年 9 月 17 日发表于意大利报纸 *La Stampa* 的科学周刊 *Tutto Scienze* 的增刊上的一篇文章的标题（引号是原文有的，括号中是我的译文）：“Acidi, enzimi e qualche proteina. E la ricetta per generare la vita.”（《“酸、酶和少量的蛋白质：制造生命的配方”》）。它传递给读者的信息是简单、直接和积极的：科学可以从化学成分中产生生命，并且科学正在做这件事情。然而，这个无条件的陈述却因为那个大部分读者都不会注意到的引号而大打折扣。该标题内容与写这篇文章的记者毫无关系，它指的是与来自罗马的罗马特瑞大学（University of Roma Tre）的生物学家皮尔·路易斯（Pier Luigi Luisi）的一次访谈。读一读这篇访谈，你却在其中找不到像文章标题那样的大胆的陈述；无论如何，这里有几处值得注意。在文章的开头，在发问之前，记者写道："这是一个小小的肥皂泡……都是人工的，合成的……用从自然中借来的少许物质。并且认为它包含着生命。"①这种陈述完全缺乏科学的证实：断言在用油脂隔开的泡沫中的不同的成分之间的化学反应能够产生"生命"，这种说法本身既不能被证实，也不能被证伪，从科学的观点看倒显得十分轻率。

这篇文章所提到的研究原则上是将米勒（Miller）的工作向前推进了，宏观的试管被油泡代替了，而后者被认为包含了生命有机体的基本成分：这个实验是试图从非生命物质中产生人工细胞。油泡可以用这种方式合成，虽然方法非常原始；但我们最后得到的究竟是否是"活的"生命体，则是另外一回事。

我感兴趣的并不是探究该问题的本质，而是想强调这样一个事实：任何关于该主题的陈述，特别是那些无条件的陈述，都不是已经定论的（因而再无争议的）科学知识的表达，而是研究者自己的态度的展示，或常常是科普

① 原文为意大利文。

作者自己的主观愿望。总之，它们更是一种意识形态的立场。

我现在试着对该主题做一总的评述。如果生命是在一种特殊的条件下从非生命的成分中自发出现的，那么这种条件必定非常稀有，以至于它们只能出现在地球的某一个时代，一般认为可以回溯到大约30亿年前①，有人甚至认为在更远的年代。从那以后，这种合适的条件再也没有出现过，无论是在地球的表面，还是在温度和压力都高很多的地球内部。它们也不可能在大气层中出现，即使在北极的冰川以及海底和沙漠的温泉里都发现了据说是可靠的生命特征。生命也不可能产生自极端的环境，如过高的温度与压力，或者从化学的观点看是特别恶劣的环境；因为据我们所知，生命（它是我们的理性的唯一基础）对环境极端敏感，因此在极端的环境条件下必定会毁灭。没有一个关于生命起源的实验是在极端的条件下做的；如此特殊的条件再也没有在任何地方出现过，而且似乎也没有在最近的一二十亿年内出现过。② 这是为什么？究竟是什么原因使得它们如此特殊？

---

① 事实上，公认的生命起源的最初迹象是在澳大利亚的一块岩石里镶嵌着的叠层石里发现的，距今已有20亿年以上。

② 事实上，也有人认为这种生命的自发产生在地球上还发生过不止一次，虽然时间上非常古老（距今超过5.5亿年），艾迪亚卡（Ediacaran）动物的某些种群就暗示了这一点，它们既非常不同于当今的动物种群，也非常不同于最近50万年前的动物种群。

这种相对于地球环境来说的稀有性，导致了关于生命起源的另一种猜想："有生源说"（"胚种论"）。我们又碰到了一个非常古老的术语：它可以追溯到阿那克萨戈拉（Anaxgoras，公元前 5 世纪），以及他的组成万物的"种子"。近年来该理论以各种不同的方式被重新提起，作为一个例子我将引用天体物理学家弗雷德·霍伊尔（Fred Hoyle）的观点。霍伊尔是一个重要的也是充满争议的人物，他的名声既来自他在星体的核成分领域的富有成效的科学工作，也来自他在宇宙学与生物学领域的激进的反传统的理论。

我们回到现代的胚种论，它认为生命产生于地球之外，然后从外太空来到地球。我们的确知道某些星际尘埃和气体（主要由氢组成）也含有碳化合物，特别是氨基酸和其他有机分子。2004 年 1 月 2 日，当星尘探测器靠近 Wild 2 号彗星的核时收集到的尘埃中也发现了有机化合物。众所周知，碳氢化合物的发现，即使不是作为证据，至少也是指向生命存在的标志。当然，生命在彗星上出现的条件更加特别和奇异（也非常不同于生命在地球上出现的条件）。

另外，这些被流星和彗星带到地球上来的生命的种子，至少在距今 20 亿年前突然停止来访，或者是因为从那以后无论如何再也没有发现适合生命成长的条件。实际上，根据霍伊尔与钱德拉·维克拉玛辛（Chandra Wickramasinghe，霍伊尔的学生）的胚种论，生命不一定起源于外太空；它可能与非生命物质共存于太空中，像“雨点”一样撒落在某一个星球，从而不断地产生新的生命体。在这一点上，胚种论很像霍伊尔著名的稳恒态宇宙学理论，根据这个理论，过去的宇宙状态与我们今天看到的宇宙大致相同，并且永远如此。为了将这个理论与观察到的宇宙膨胀联系起来，霍伊尔诉诸物质在恒星与星系之间自发的和永恒的创造的假设。这种自发的创造也可能用来解释生命的起源。①

科学知识的进步也要归功于猜想，表达原创性的和大胆的猜想并没有错。但无论如何，重要的一点是不要把猜想与科学理论，或者甚至与确定性混为一谈。

◆生命的进化

与我们这个星球上生命有关的另一个热点话题是生命的进化，特别是物种的起源。我要特别提到查尔斯·达尔文（Charles Darwin）在19世纪获得了巨大成功并且奠定了现代进化论基础的那本著名的著作②。我不想深究其细

① 霍伊尔在他写于1957年的科幻小说《黑云》中，也提出生命来源于外太空的设想。

② 《论通过自然选择的物种起源，或在生存竞争中占优势的种的保存》（*On the Origin of Species by Means of Natural Selection, or the Preservation of Favored Races in the Struggle for Life*），出版于1859年。

节，但我想指出的是当生物进化理论以它原初的形态被提出时，的确曾经引起了轰动效应，并且直到今天仍然是科学界之外充满争议的话题。

达尔文基于多年的博物学的观察，特别是在贝格尔号①船上沿着南美洲海岸长达五年的航行途中所做的观察，逐渐形成了物种并不是固定的和不变的，而是在与周围环境的相互作用中随着时间进化的信念。这种相互作用既作为一种刺激引起基因变异，也作为一种自然选择机制消除那些最不适应和较不适应的变异，而允许那些当时最适应环境条件的变异保存并扩散开来。

首先，带来最大丑闻的是把这个理论运用于人类，认为现在的人类也是进化的产物，因而必定是远古时期的某种灵长类动物的后代。这种可能性立即引起了强烈的反应，特别是在宗教界，当然不仅仅局限于此。

实际上，天主教对进化论保持了一种谨慎的姿态，既没有正式拒绝也没有正式承认；相反，新教与犹太教的原教旨主义团体基于对《圣经》的字面意义的解释，对进化论采取了一种完全拒绝的立场。

那些生物进化论与地理进化论的原教旨主义反对者也被贴上**创造论者**（**creationists**）的标签。在最极端的形式

① “贝格尔号”于1831年12月27日从英格兰起航，绕南美洲海岸航行做科学考察，于1836年10月2日返回，共绕地球航行一周。

下，其思想如同所有的原教旨主义一样简单而直接：《圣经》是在上帝的直接启示下写成的，因而不会有错误。《圣经》上记载：上帝按照现在的样子创造了所有生物，事情就这样成了；没有任何进化或选择能够改变。正是基于这种信念，17 世纪的爱尔兰阿尔玛区（Armagh）的圣公会大主教詹姆斯·乌舍尔（James Usssher）根据《圣经》计算出：世界是在公元前 4004 年 10 月 23 日的中午被创造出来的。

无论是通过争论还是诉诸任何相反证据的出现，都不能改变如乌舍尔那样的“创造论者—字面意义者”（creationists-literalists）的观点。很明显，如果上帝是全能的，他可以做任何他愿意做的事情，在任何时间以任何方式。如果他愿意的话，他也可以改变和推翻他置于这个世界之中的逻辑。如果对于天空及其最遥远的天体的观察表明，宇宙大约存在了 140 亿年，如果我们在地球上发现的物理学定律及其岩石的成分表明，地球大约存在了 43 亿年，如果其他岩石里的化石遗迹证明生命大约存在了 30 亿年，所有这一切都是上帝设计好以使我们的信仰经受检验。我们是相信“他”（He）亲自置于世界的理性证据呢，还是相信《圣经》记载的他的（His）明确的话语？

这一类信念之所以不能被理性推翻，仅仅是因为它们拒绝理性；科学保持沉默，因为它在此类问题上不起任何作用。当不矛盾律被弃置一旁，否定性的证据也提不出任何问题的时候，的确是没有什么好说的了。

在大多数情况下，持有这种类型的信仰是某些极端边缘化的团体的专属物（prerogative），我们尽可对此加以嘲笑，但一种完全无法理解和不可思议的神圣意志（divine will）的观念却存在于许多宗教传统之中。

在美国，冲突甚至达到了悖论的程度，并且自20世纪20年代起，将政治和法院也牵涉其中。20世纪初，田纳西州的法律禁止在公立学校讲授进化论。1925年，一个年轻的中学教师约翰·托马斯·斯科普斯（John Thomas Scopes）[①] 由于违反了这项禁令而在代顿（Dayton）接受审判。经过那场在公众中引起了巨大轰动效应的审判后，斯科普斯被判有罪，并处100美元的罚金。在随后的上诉中，有关罚金的条例被撤销，但这项禁令在田纳西州却一直被强制保持到1967年。

20世纪70年代末，创造论者开始进行广泛的游说活动，其目的是推动在阿肯色州的公立学校里，规定在讲授进化论的同时也有义务讲授创造论。他们成功地使得该州1981年通过了这一项法案。最后，双方再一次对簿公堂，结果是这项法案被判违宪并被撤销。然而，事情远未就此

① 斯科普斯实际上是克拉克乡村（Clark County）中学的足球教练，碰巧替补正式的科学教师的空缺；他受美国公民自由联合会（American Civil Liberties Union）的请求去有意违背这项法令，他同意并且这样做了。

了结。

原教旨主义者的创造论导致了一种被称作“智慧设计”的理论。(或许这也是在环境的压力下进化的一个例子?)2004 年，在宾夕法尼亚州的多佛（Dover）地区，有人试图在公立学校的生物学课程里讲授智慧设计论。双方又一次诉诸法庭，联邦法官拒绝了诉请人的请求，其主要根据是：进化论是一门科学，而智慧设计论不是，后者属于宗教信仰的范围。尽管如此，北美的宗教原教旨主义者势力依然强大，据说，假使该案在最高法院审理的话，审判的结果很可能就会与这种预设结论（foregone conclusion）的判决不同，因为其中某些法官可能不会对创造论者的申诉无动于衷。

同时，我们可以很容易发现在互联网上有无数创造论者的网站，采用的语言也达数十种之多（包括“那不勒斯语”! Napolitano①)，还有几种创造论者的“科学”期刊也在发行。据说大峡谷国家公园（Grand Canyon National Park）的管理人员也请求导游不要谈论大峡谷的地质年代，“以避免伤害创造论者游客的宗教感情”②。

以上故事都带有强烈的美国特色，但它们却给在科学与信仰问题上的不适当的争论火上浇油。一方面是企图将

① 例如，见网页 http://www.creationism.org/。

② http://www.peer.org/news_id.php?row_id=801.

自己的无法证明的信仰变成科学理论的自负；另一方面是企图“科学地”否定信仰，将科学抬高到“反宗教”的角色的自负。

让我们努力抛弃所有这些不合理的偏见，就像摆脱足球比赛中的场地偏好那样（ground-like partisanship）。

◆温和进化论？

经常被创造论者和智慧设计的支持者引用的一个论据是，要想在完全偶然的基因变异中通过自然选择的方式获得我们所知道的如此复杂的生物有机体，其概率低得不可想象。我们可以说，整个地球，甚至全部宇宙的所有时间加起来都不足以进化到我们星球上现存的生物系统（的复杂程度）。实际上，每次一个新的生命体产生，可能发生的完全偶然的基因变异的数目非常巨大，但这些变异的绝大部分都因为不适合维持生命而很快灭绝了（携带它们的个体没有存活下来或者甚至根本没有出生），因而只有非常稀少的基因变异可以扩散开来，它们要么是无害的，要么是有利的。如果情况确实如此，进化应该比我们实际上看到的缓慢得多，而单纯的、简单的灭绝应该发生的更加频繁。另外，变异—选择机制毫无疑问在起作用，它实际上是几个世纪以来由农民和饲养员一直在使用的方法，现在仍然被应用于现代的基因工程。我们可以说，纯粹偶然的基因变异的确是进化的基础，但很可能它并不是事情的全部。

无论如何，进化的很多方面我们都还没有完全弄清楚。个体在其生存中获得的性状可以传递给后代吗？这方面的争论非常激烈并且持续了相当长的时间。

在达尔文之前，让·拉马克（Jean-Baptiste de Lamark）提出生物在环境的压力下进化，并且将在生存中获得的性状的变异传给后代的思想；达尔文自己并不反对构想出某种理论作为绝对的、单一的自然选择理论的补充。但无论如何，对这个问题的回答总的来说是否定的，虽然基于对某些观察现象的不可靠的解释，但这个问题会不时地被重新提出来。

同时，人类的行为可以通过文化传递。对于我们来说，进化无疑已经达到这样的程度，以至于机遇已经变成了进化的一个因素，但它肯定既不是唯一的，也不是主要的因素。那么，对于其他的物种来说又如何呢？它们的某些行为可以通过基因传递吗？总的来说，答案仍然是否定的，但其他物种有没有某种类似文化传递的东西呢？是否鲑鱼集体（en masse）洄游以将卵产在它们出生的山上的湖水里这种生物性的需要是被“写”在基因里的，并且是可以传递的呢？可能如此，但事情还没有完全弄清楚。

所有这些都没有否定进化论的有效性，它们只是表明该理论有待完善。对科学来讲，这是正常的发展过程。在某个时期，某个理论作为自洽的解释框架被建立起来，它能够解释一系列现象；似乎一切都非常顺利，但是，后来与该理论都不那么容易契合的新事实和新细节出现了。该理论就需要扩展或进行深入分析，有时该理论会被彻底改写，但它必须依然能够解释它最初“解释”过的现象。

另一方面，如果我们不仅仅考虑生命体的进化，同时考虑无生命的宇宙的话，就很容易得到所发生的一切都只是某个终极的设计的一部分的感觉。就不可避免地会出现这样的疑问：其源头很可能就是智能设计。这是在每一块天空下和每一种文化中都会被感觉到和被意识到的东西。要否认它需要一种明确的、与科学无关的目的，但它只不过是间接证实了这种感觉的无处不在而已。对于信仰来说，这种感觉变成了“根据事实本身”（ipso facto）的真理，但它仍然不过是信仰的真理（a truth of faith）：要按其本来面目接受它并需要一种有意识的一致（conscious agreement），再说一遍，其中并没有科学的成分。

总之，在自然界里有一系列的环境线索指向智慧设计的思想，虽然没有任何权威的证据将这种思想转化为可以被科学证明的结论，而科学的进步完全不需要这种假设。

结论是：我相信智慧设计不是一种“理论”，但它会进一步加强那些选择相信它的人的信念，同时，它也会被那些不愿被误导的人以及选择不相信它的人当作是一种幻觉。这里不存在任何矛盾，除非你有意识地寻找某种非科学的理性。

经验的与“半经验”的科学

我曾经提到过有些学科并不属于那些可以定义为“精确”科学的范畴，比如经济学。我现在要回到这个话题，并对科学与信仰之间的区别多说几句。

首先，我们可以说像经济学或社会学这样的学科研究人类行为，相对于个体来说，它更多的是研究群体行为；信仰，特别是在犹太—基督教和伊斯兰世界，也是以某种方式关注人类行为，但它们更多的是在个体的维度上。除此之外，有的认为它们的差异还体现在研究方法上：信仰是非理性的与神秘的，社会科学是理性的与客观的。在教堂，无论对于个人还是社会，某种先天的原则决定一切，追求来世的“救赎”，甚至不惜牺牲现世的幸福。相反，经济学则观察现实的人类行为，分析它们，同时也在个体的层次上得出未来该如何行动的结论。质言之，科学方法既是系统的，也是实用的，除了观察数据之外不增加任何额外的假设，它的目的是使个体与社会的利益最大化。

这里，我也不会过多地分析经济学理论及其基本原理，而是关注经济现象学及其相应的内容，因而可能会显得缺乏理论性。虽然在此基础上的争论确实古老且涉及广泛，但我更愿意将经济学当作一门实践的而非理论的学科。如果将这种方法应用于我们正在谈论的问题的对立面，那么将导致这样一种说法：神学的确是重要的，但如何在实际的生活中体验信仰才是最关键的。另外，针对宗教的批评之一恰恰就是在教义与实践之间存在的鸿沟：价值观是一回事，实际的实践却又是另一回事，前者甚至很可能是虚伪的遮羞布，或者至少两者中间隔着一大堆一厢情愿的愿望和抽象的理论。

教会似乎一直对钱财之类心存芥蒂，然而从历史上来讲，它的结构也从来都不是与物质财富毫无瓜葛。经济学家可能会说，正是这种模糊性导致了教会几个世纪以来将任何有息贷款视为可谴责的行为，并且将所有融资行为视为放高利贷，结果是极大地阻碍了信用制度在其中发挥根本作用的现代经济的发展。谴责有息借贷的根源在于《路加福音》中的"登山宝训"① 的有关段落。这实际上更多的是一种告诫而非谴责或禁令，但教会长期以来只在后者的意义上解释它。

拒绝用钱生钱的观念在古希腊即已扎根，在《尼各马可伦理学》（*Nichomachean Ethics*）中亚里士多德明确

① 《路加福音》6：34—35："如果借给人，又指望向人收回，那有什么好处呢？罪人也借给罪人，要如数收回【……】借出去，不要指望偿还；这样你们的赏赐就大了。"

写道："钱不能用来生钱"，我们知道亚里士多德对于中世纪的基督教思想具有何等的权威与影响力。

对有息借贷的明确的谴责也可以在伊斯兰教中发现：在《古兰经》中，高利贷（指任何有息贷款）对于信徒来说是第五大罪。①

印度教，现在这个概念用来指另外一个大的宗教运动，也在其神圣文本《吠陀经》中谴责有偿借贷。

厌恶与禁令并没有阻止信仰基督教的欧洲人（包括教皇本人）变为高利贷者，但他们逼迫许多犹太人成了精于此道的行家。因为别的工作对犹太人是禁止的，他们不得不去从事被基督徒视为该受谴责的那些行业，比如高利贷或卖淫。

无论如何，在中世纪末期诞生了第一家真正意义上的银行，一种强烈的"基督徒式的"企业家精神也在这一时期出现了。现在，银行在基督教的世界里已经被完全接受，并且已经存在了相当长的时间，现在"高利贷"（usury）这个词仅仅指的是以过高的利息放贷的行为。

在伊斯兰世界，"riba"这个词的原意是指有利可图的，如前所述，这种行为是被禁止的。不过借钱给那些准备做生意或办企业的人是可以的，只要债主与借款受益人

① 《古兰经》中写道："你们这些信主安拉的人啊！要敬畏神，放弃你们从高利贷中所得的，如果你们是真正的信徒"，第二章第278节；《诗篇》第275—280行也谈到借贷行为。

形成一种利润分享、风险共担的伙伴关系。[①] 在这种原则的刺激下建立起来的第一批伊斯兰银行出现于20世纪60年代，它们在70年代的第一次石油危机后获得了迅猛的发展。

无论如何，所有这些似乎都显得过于精细，而且对于“理性的”和“科学的”眼光来说毫无意义。科学的经济学不能建立在任何非理性的偏见之上。不是吗？

我相信，要接受这一点是毫无困难的：经济学的原理在相当高的程度上依赖于对社会和个人来说什么是好、什么是不好的意识形态假定。至少一般经济学中的许多基本原理都是纯粹的公理，它们甚至在出现了相反证据的情况下也被经常重复。

在光谱的另一端，事情也好不到哪里去：全球市场经济基于一套现实的教义，虽然没有明确宣称，但它们实际上是被当作客观真理加以信奉，即使在与证据明显矛盾的情况下。今天经济学世界的景象非常类似于一幅教条主义神学的漫画。的确，事实胜于雄辩（contra factum non valet argumentum），或者引用列宁的话说，事实比思想更坚固（facts are more stubborn than ideas）。但是很明显，

① 这种合作关系可以采取很多形式，如mudaraba（类似于投资信托业务）或者musharaka（类似于出资参与，即银行与一方或多方签署共同投资协议），不过一般来说都没有固定的利润分成。

这里的事实必须指的是建立在公开的经济学理论基础上的社会权力的组织结构。如果我们考虑不同性质的事实，那么在原则与现实之间就会发生明显的冲突。

让我们拿市场做例子，它在日常生活中被当作注定要拯救世界的弥赛亚一样受到狂热欢呼。根据这种经济学神学（economic theology），市场是好的，因为通过引进竞争机制，它给其中的每一个人都带来最小的浪费和最大的收益。市场经济，特别是在19世纪的意义上，是现代文明的真正基础。

在美国，取消部落保留地的集体所有权的“道斯分配法案”（Dawes Allotment Act）于1887年签署生效。这项法案的推动者中不乏真正关注美洲原住民的生存状况的人：这些原住民世世代代像动物一样被屠杀，被军队驱赶，被公然欺骗，被剥夺了每一个白人在自己所属的州里都享有的基本权利，到最后几乎被赶尽杀绝。这个法案的理想的假设是个人所有权是一切德性的基础，因而，为了使美洲原住民变得文明开化，必须把他们变为分散的个体意义上的土地所有者。

部落土地于是被分成许多块并被分配给个体家庭，它们可以耕种、出租或转卖。当然，整个过程也并非完全是毫无私心的，因为其中只有部分保留领地被分配给了原住民，而其余的部分，通常也是最好的土地，被白人农场主拿走了。

最后的结果是灾难性的：那些“新的被开化的”土地所有者，似乎不是很懂得自己手中的土地或者金钱的价值，他们手中的大部分土地很快就被完全合法的市场机制剥夺殆尽。拿密西西比州西部的美洲原住民来说，他们在1934年时所拥有的土地面积下降到了1887年时的1/3。另外，部落长老会被清扫一空，而酗酒、挥霍以及形形色色的支派都在过去一度傲慢的美洲原住民中疯狂的滋长泛滥（tribe councils）。

今天我们对全球化也可以作出类似的评价。它在理论上被描述为这样一个过程：它一旦发生，将使得长期被排斥在货币经济体系之外的大量人口变为这个体系的一部分，并使广大的第三世界人口彻底摆脱贫穷。

但真实发生的事情却大相径庭：殖民时代结束之后，大的跨国公司在发展中国家建立了新的存在方式。过去习惯于生存经济（subsistence economy）的小企业主，由于缺乏价格竞争的能力而沦落为工薪阶层。饥饿与营养不良的问题还没有解决，手机、电视、卫星天线却早已遍布世界各地。工业化国家越来越像吸收世界贫困人口的一块巨大的海绵，这些贫民从世界各地涌入他们在电视上看到的神奇的国度，认为在这里无论如何都比在他们自己的国家生活得要好。

需要说明的是，如果满足了某种条件的话，“神奇的”市场的确可以产生积极的效果。特别是当竞争者众多且其规模相当时，竞争机制的效果就明显：否则，我们得到的就只是“自由的狐狸在自由的鸡窝里”① 的原则。然而，在很长一段时间里，官方的政治经济学的普及手册一直是鼓励诚信：竞争必须控制在适当的规模，并且必须在市场上公开（be present on the market）。很明显，竞争者越少，竞争就越少，就越容易通过公开的或秘密的协议对“消费者”——对处于市场链条最末端的用户的称呼——造成损害。少数大的经济体为争夺市场而竞争，但在它们已经获得的市场份额内，它们却很少受到相对弱势和分散的消费者的影响。

我们可以对很多的技术发明作出同样的评价，特别是对于自动化服务领域。我们现在生活在一个自动电话交换机的时代，“请按 1……，请按 2……，请按 3……”，以及 DIY（“Do it by yourself”——译者）：我们可以在互联网上进行银行转账，买火车票和电影票，付账单，激活账户……所有这些都由我们自己操作。通过这种方法，我们可以在某个确定的时间内控制整个过程，如果我们没有遭遇到我们使用的软件的现有模式不能解决的麻烦的话。十分明显的是这样会降低公司成本，并减少员工，但我们确信这肯定会带来好的服务质量吗？那些不熟悉互联网和自

① 这是詹姆斯·乔伊斯（James Joyce）的小说《尤利西斯》（Ulysses）第 14 章中的一个角色说的话。

动化程序的人要么只好完全依靠自己，要么只能向他人求助。

无论多么追求效率和自动化，我们却仍然生活在一个排队的社会，为什么？因为要减少在售票处、邮局或者银行等待的时间，我们就需要更多的设备，因而需要更多的员工，这将会增加成本。每引进一项新的发明，都会引起裁员，而结果是排队的队伍并没有因此变短，实际上还可能变得更长了。

总之，这个实际的市场，而非理论的市场的主要目的当然是使利润最大化，它只是顺带提升服务质量而已；实际上，一旦越过某一临界点时，服务反而更差了。即使如此，这种发展仍然被官方认定为一种进步。

经济学理论化最严格的分支就是金融学。正是在这里，市场被人为拔高和被意识形态化的程度也达到了顶峰，以至于这个词从单数变成了复数：我们面对的是“市场们”（the markets）。这个集合的、无个性特征的复数把数量难以确定的人群集中起来，试着去做恰恰是亚里士多德认为不可能做到的事情：以钱生钱。他们的这种希望被研究和分析，但不仅于此，它同时也获得赞扬和好评（当然不是在危机时期）。

“市场们”这个词出现在报纸的文章里，根据情况的不同，可以表达欢快、压抑、紧张、害怕等等各种情绪。它们究竟是怎么被公理化、数学化和系统化的？其结果是制造出一个供给与需求、生产与消费（即经济）关系的系统。它的最重要的部分，或者至少是最明显的部分，是奠基于某种介于赌博与魔术之间的行为。在增长的时期，我们一遍又一遍的（也是用科学的术语）被告知说这一切都是好的。然后，当这部机器因过于臃肿而运转不灵时，那些手中握有决策权的人便会采取一切可能的手段，再使它与按照从前大致相同的方式重新启动。

在这个似乎有些离题的一节里，我集中讨论了作为实践的经济学的本质的和扩展的方面，而完全忽略了对这门学科的基础的争论（正如我在一开始就提到的）。我的目的既不是批评经济学，也不是为它辩护。我只是想提出一个问题：这种科学的与理性的特点对于信仰的方法能够说些什么呢？对于那种基于在任何股票交易中都无法获得的不可转让的价值、团结合作的原则和无形的回报的单纯的、乌托邦式的态度又能说些什么呢？进一步来说，这种类型的科学能够对信仰作出评判吗？我对此十分怀疑。

科学与权威原则

在教会，信仰的内容是通过权威原则来传递并加以保存的，而这种原则是通过上帝主动的启示以及所传递的信息的可靠性而被合法化的。它不可能通过别的途径，因为我们谈论的是信仰，其基本原理是不能用“实验”来验证的。如果在不同的教派中存在争议的话，那么争议可能就在于谁具有这种权威性。对于天主教来说，拥有这种权威的是理事会与教皇，他们在根据神圣经典解释传统方面拥有“最终话语权”。在新教的世界里，权威就是《圣经》，但由于《圣经》文本本身也需要解释，它最终只能诉诸对经文进行自由解释的个体良知（sola scriptura，唯有《圣经》）①。

对于科学来说，唯一被承认的两个权威是理性与实验。无论如何，它要求必须在某种程度上信任前人已经得到的知识，因为没有人能够重复前人走过的全部道路；对

① “唯有经文”（By Scripture alone）或经文解释经文（Scripture interprets scripture）。

于有争议的事情，拥有“最终话语权”的应该是实验—观察证据。情况果真如此吗？

天使博士（Doctor Ecclesiae①）托马斯·阿奎那（Thomas Aquinas）的思想在他本人死后三年受到巴黎大主教的谴责②，整整过了40年后才有人为其恢复名誉③。我们后面将会看到，其实阿奎那在现代科学的世界里仍然受到尊崇，虽然在仪式和程序方面有很大的差别。

为了具体说明这一点，我将举出科学史上的几个事例。

◆欧勒·罗默与光速

我将从17世纪开始，这是可以追溯现代物理学的起源的年代。

1671年，来自丹麦的欧勒·罗默（Ole Romer）还是一个26岁的青年，前途无量，他当时在哥本哈根担任数学家伊拉莫斯·巴塞林（Erasmus Bartholin）的助手。当

① 教会博士，这是教皇庇护五世（Pope Pius V）1567年给托马斯·阿奎那的封号。

② 时间是1277年，该主教的名字是斯蒂芬·特姆皮尔（Stephen Tempier）。这并不是唯一的一次对阿奎那思想的公开谴责，后来还发生过好几次，如在坎特伯雷（Canterbury）和牛津（Oxford）。

③ 为其恢复名誉的是巴黎的另一位主教，是在阿奎那被封为圣人两年之后。

时正在丹麦绘制新的欧洲地图的法国修道院院长兼天文学家让·皮卡德（Jean Picard）注意到了这个年轻人，让他开始做天文观测方面的工作，特别是观测麦迪奇星 Io（Medicean star Io）的月蚀情况①。由于对罗默的工作非常满意，让·皮卡德于 1672 年将他派往法国。他的工作给法国当时的太阳王（the Sun King）路易十四（Louis XIV）留下了深刻印象，并让他做了法皇太子的教师。除此之外，他还是天文学家乔凡尼·卡西尼（Giovanni Casini）的助手，后者自 1671 年开始便担任了巴黎天文台的台长。

卡西尼作为一个天文学家在欧洲的声望日益增长。罗默去巴黎之前在他手下工作时要解决的问题就是当 Io 在木星的背后时，由木星引起的 Io 的月蚀。除了其本身的重要性外，这个现象的意义还在于伽利略曾经提到过的一种方法：通过观察月蚀并确定其发生的时间，可以定位地球上的观测者本人的位置②。这个工作由皮卡德和罗默在哥本哈根、卡西尼在巴黎同时进行，它还可以精确测定这两个城市的相对经度。

除此之外，还发现了月蚀表现出某种不规则性：其发

① 麦迪奇星群是指木星的头四颗卫星，1609 年被伽利略所观测到。如此命名是为了纪念托斯卡纳区（Tuscany）的大公，麦迪奇的科斯莫二世（CosimoII de' Medici）。

② 条件是观测者以较高的精度知道月蚀发生时的当地时间。

生的时间间隔在变动，原因尚有待查明。由于做轨道运动，地球在一年中有六个月的时间靠近木星，在另外六个月则远离木星。卡西尼和罗默都注意到，当地球向着木星运动时，Io 月蚀的时间较短；而当地球离开木星运动时，Io 月蚀的时间较长。

两人都意识到，这个现象可能意味着光线不是瞬时传播的，而是以一个确定的（但并非无限的）速度在两个星球之间传播①。罗默对该理论情有独钟，而卡西尼则放弃了该理论，转而寻求另一种解释，并将它归结为光在木星附近传播时的某种假想的反常现象。骄傲而固执的罗默不愿意改变自己的初衷，他重新检查了自己和卡西尼的观测数据，并做了一些计算，于 1976 年 8 月公开向卡西尼的观点提出挑战。他计算出：根据卡西尼的观点，Io 下一次从木星的背后重新出现的时间将是 11 月 9 日月蚀结束时的 17 点 27 分，而根据他自己的关于地球运动的效应的假设，该卫星再次出现的时间将推迟 10 分钟。两个预测结果都通报给了当时的天文学界，欧洲的几个天文观测站测量了 Io 两次月蚀的时间间隔：结果符合罗默的预测，而与卡西尼的理论不符。②

这样，我们就有了一个教科书式的案例：两个相互竞

① 光速问题伽利略就曾经提出过，他还曾经设计过一个测定光速的实验，在他去世后有人尝试做过，但没有结果。

② 或者说，观测结果与罗默的预测更接近。

争的假设，相互独立的观测者在不同的地点做的精确的实验，结果与其中的一个假设符合。问题以有利于罗默的方式被解决了。然而，实际情况却大相径庭。

卡西尼并没有承认自己的错误：在他看来，Io 月蚀出现反常的原因毕竟是不确定的，因而它们可能导致任何结果；那个丹麦天文学家的猜想完全没有得到证实。当时的科学共同体，包括做过实地测量的那些科学家，都站在卡西尼一边。他毕竟是新建的巴黎天文台的台长，一个拥有广博精深的专业知识和丰富经验的人：他是该领域的真正权威。罗默最后也放弃了此事，他于 1681 年回到丹麦，被委任为王室数学家，开始改革当时的度量衡体系，并试图改革天文历法，甚至还做过哥本哈根市的市长。

只有在卡西尼和整整他那一代天文学家在地球上统治的时代走向终结之后，光速并非无限的观念才开始被接受，罗默的计算方法也才开始得到应用：而这用了大约 50 年的时间。

◆赛利亚·裴因与恒星成分

赛利亚·裴因（Celia Payne）于 1900 年 5 月出生于大约位于伦敦西北部 60 公里的英格兰的温多尔镇（Wendover）。19 年后，因为听了阿瑟·爱丁顿（Arthur Eddington）的一次演讲，她放弃了在剑桥的学业，成了天文学的狂热爱好者；也正是在那一年，爱丁顿作出了爱因斯坦的广义相对论的首次试验验证。

那个年代的学术环境对女性尤为不利，赛利亚·裴因知道：如果她留在英国的话，她作为一个天文学家的职业前途将十分渺茫（当时的剑桥大学不给女性授予职称）。而在公认女性地位比欧洲解放得多的美国，似乎可以提供更好的机会。赛利亚决定在大西洋的另一边、哈佛大学的天文台完成学业，她的导师是当时该领域公认的国际权威哈娄·莎普雷（Harlow Shapley）。

实际上，一到那里，赛利亚就立即意识到，在美国，尤其是在天文学领域，女性的地位也一样远远没有达到与男性平等的程度。当时女性所从事的大多是计算工作：她们像老式的黑白电影里的银行职员一样坐在一个大的公用房间里，通过手工计算处理从天文台得来的数据。这就是一个女性天文工作者的最大的梦想——而赛利亚拒绝接受这个观念，就在这时她开始着手写作博士论文。

19 世纪 20 年代天文学研究的主题之一就是恒星的成分，首先和最重要的当然是研究太阳。为了弄清楚恒星里面是什么组成成分，可以分析它发出的光：恒星的光谱包含着它的不同的化学元素成分的“信号”。这些信号很复杂，需要被解码，但如果遵循适当的程序，它也十分确定。由于一些普遍的原因，20 世纪初的科学共同体相信太阳的主要成分是铁（就像相信地核是由铁构成的一样）。观察太阳辐射光谱的天文学家，包括莎普雷在内，都认为其成分是铁。当然，该理论会产生某些困难，但都可以用这样或那样的方式克服。

赛利亚·裴因为了完成她的博士论文，开始精确地研究太阳的成分。她分析了那些被别人分析过无数次的同样的太阳光谱，通过一遍又一遍的反复观察，她的解读结果是：氢。很明显，她把自己的结论告诉了莎普雷以及哈佛的其他天文学家，但她被告知说这是荒谬的，不会是氢，这是“不可能的”，必须是铁。

裴因坚持自己的观点并相信证据，她这样做了，并将结论写进了博士论文。这样她不得不作出选择：如果她想获得博士学位的话，她就必须删掉关于她在太阳的辐射光谱中看到的主要成分是氢的“荒谬”结论。裴因最后作出了部分妥协：她报道了她对事实的解释，但为了获得对论文的好评，她不得不在论文中承认她明显简单化的解读肯定是错的。她被迫写下的论文中的原句是：“大量丰富的【氢】……几乎肯定是不真实的”①。就是说，为了获得博士学位②，她不得不放弃了自己的结论。曾经听说过类似的事情吗？当然，如果她拒绝妥协的话，她可能冒着被封杀的危险，或者更糟，她的富有前途的科学生涯很可

① 戴维·波丹尼斯（David Bodanis）的《$E=MC^2$：世界最著名的公式诞生记》中第18页曾经引用过该句。

② 她也是第一位在哈佛获得天文学博士学位的女性。

能就此被扼杀在摇篮里。

不用说，太阳的主要成分实际上是氢，还有少量的氦（在氢之后的第二轻的元素）；像铁那样的重元素极为稀少，它是非常遥远的恒星发生爆炸后的残留物。

如果不考虑故事本身，我们可能会认为，由于裴因的结论是建立在证据之上的，只要应用那个年代的技术和设备，谁都可以毫无困难地解读它们，因此，新的解释应该很快被在观察和实验之上建立自己信念的国际科学共同体所接受。但情况并非如此，至少短时间内没有发生；一直过了许多年，裴因的老师们不仅没有承认自己的错误，实际上他们还竭力阻挠他们以前学生的学术前途，至少也没有帮她。

这些故事除了揭示了科学中存在的权威原则之外，我还想对此做进一步的思考。科学知识的基础应该是观察世界，收集数据，并用实验检验；很明显，对于同样的数据可能有不止一种解读的方法。面临的问题越复杂，情况就越是如此。明显的，在裴因所处的年代，“歪曲”（torturing）数据以使得它们“承认”（confess）科学家们所愿意听到的东西的做法十分流行①。当然，歪曲数据比折磨（torturing）“证人”要好，这就是整个中世纪法庭（包括

① 我借用的这个意象是在一次科学研讨会上从我的同事、都灵理工学院物理系的教授皮尔·保罗·德尔·桑托（Pier Paolo Del Santo）那里听来的，我认为这个比喻十分贴切。

宗教裁判所①）一直到18世纪的整个欧洲（直到1815年的教皇制国家）的司法实践的特征。而科学活动中歪曲数据的做法到现在依然十分盛行。

我前面提到过的那些科学轶事在科学史中不胜枚举。除了它们彼此的相关性之外，我们可以得出在科学的世界中存在权威性原则的结论，它导致人们偏爱旧的范式，拒绝新的科学发现。

当然，新东西在不断涌现，但如果它们“来得太早”，或者由“错误的人”提出，它们就不得不为争取被承认而艰难斗争。如果我们分析最近的科学史，很可能就会发现，有些重要的科学进步在几十年前就曾经被某些名不见经传的研究者提出过，但当时却被忽略了。

还是拿我自己领域的物理学来说，现在有大量的期刊发表这方面的研究成果，其中有的只能在因特网上找到。每年都有数千篇新的论文发表；几乎任何国家的任何地方，将职业提升或资金支持与科研能力联系起来的机制都完全只看数量的增长。所谓能力，与质量无关，最终主要靠数量来衡量，也就是发表论文的数量；“发表或者毁灭”，就是对这种状况的谚语式的描述。

控制质量及其学科专业性的任务落在了标明了出版单

① 采用酷刑的做法在1252年由教皇英诺森四世（Innocent IV）核准，他将当时在民事法庭中已经采用的做法用在了宗教裁判所。

位的特殊期刊上，他们采用“同行评议”的机制：每篇新的论文寄送给一个或者两个有资格的评议人。由评议人决定该论文是否值得发表。

考虑到评议人的数量、职能高度专业化以及对评议人一般不支付报酬等因素，这个机制保障了它的高度稳定性以及科学统一性。某种类型的集体权威原则在发挥作用，某种类型的有资质的公众意见，经常导致减慢——如果不是完全阻止的话——与某一历史时代的研究主流相抵触的新观念的出现。对于评议人来说，与简单地证实某个全新的研究课题和已有的研究模式的相关性相比，对该课题进行论证并给予许可，往往需要做更多的工作，有时候还需要承担风险。我们还可以补充的一个事实是，浩如烟海的材料使得对研究的原创性与创新性的鉴别变得非常困难：噪音湮没了信号。这是一个相当保守的体制。

要从被提出的不合常规的新观点中发展出新的研究分支，就需要有足够声望的人来对它进行阐述。这既可能是单个的研究者，也可能是一个研究团体，他们在正统的研究领域里已经获得了良好的声望，因而能够承受得起对正统观念的某种轻微偏离。如果一个非传统的观点出自这种类型的研究者，在没有实质性错误的前提下，评议人就很可能让其通过。一个新的研究分支，或者还可能是一个新的权威学派就这样诞生了。

我想强调的是，在科学的世界里，即使没有人明确宣称权威性原则是由上帝授予的，但它完全地、真实地存在着；它既是不可避免的，同时又具有阻碍作用，但它的确存在着。

科学与权力

在教会的历史上，特别是天主教的历史，不仅与政治、经济和社会权力有着非常切实的联系，而且还直接行使权力，并且这种状况还可能继续下去。所有这些过去经常、现在也继续给教会带来丑闻，以至于有人说趋附于世俗权力与宗教有着本质性的关联，而这种现象不会发生在科学的世界里……事实果真如此吗?

我将举意大利学术界的情况作为例子，一方面是它的意识形态，另一方面是它的现实状况。从某些方面我必须说，这是一个相对容易的靶子，既然最近一段时期似乎每个人都在攻击意大利的大学部门。我的目的不是谈论意大利的大学存在的问题，讨论它的病理学以及可能的治疗方法；我的目的是强调这些特点和行为与内部和外部的权力运作相关，以及把它们与在教会中看到的现象相比较。这不是为了嘲弄或贬低任何东西，而是想再一次检验：某些机制是否具有凌驾于各类组织形式之上的权威，以及当人类由于共同的实践、意识形态或者目标而结成利益一致的团体时，它们是否根源于人性中所特有的某种东西。

我将从学术权力方面的传统开始。它通过各种渠道表现出来，并且在大学的内外环境中都十分重要。从内部来说，研究经费的分配和用人权都是高度与利益相关的。对经费的管理必须有利于和保障高质量的学术研究，因此它应该由科学共同体以最合适的方式运作，而且，正如它的名字所意味的，应该仅仅使用科学的标准。至于用人权的管理，它基于公开的竞争程序，或者也被称为比较评估（comparative evaluation）；如果它被掌握在科学工作者的手中，那么除了科学本身之外，不应该考虑其他任何因素。而现实情况是，意大利学术界的人力与物质资源的自我管理已经造成了灾难性的后果。我不想在这里表现得太“意大利中心主义”（Italian centric）了：认为某些在意大利表现得特别严重的病症，在别的国家没有那么严重（当然也可能更严重）。我想强调的是，在科学的世界里，现实是如何可能与原则背道而驰，而不管其意识形态与外在的表现如何；而且这不仅仅是个别的例外，还是一种带有地域性特征的病症。

关于如何进行最优化选择人们已经说了很多，但绝大多数时候，某些人进入研究工作是机会与保护主义的结合。有时候，评估的困难是需要对候选人做研究的资质与能力进行复杂甄别。为了做到这一点，仅仅有某种形式的适当的测试还不够，还需要对某个有潜力的年轻人跟踪一段时间，以充分了解他的实际研究能力。在实践中，这需要评估某种形式的初始不确定性（包括经费资助和奖励），并根据事实进行后续选择。

然而，实际情况是，各种形式的临时渠道（temporary access）引发了对于某个团体或者“家族”的某种类型的“依附”，它决定了或者至少影响了事态的发展进程。

总之，某种不可避免的依附（subjection）条件使得临时研究人员不得不妥协去从事一些严格说来并非学术研究的任务：从担任其指导老师的秘书（整理文档、安排日常事务、处理各种杂事……），到代替老师讲课（这同样逾越了官方规则的界限），或者为老师跑各种差事。而在这种关系的另一面，这些服务性劳动换来的好处是：当将来工作机会来临，或者甚至仅仅是为了获得一个未来的临时岗位，指导教师可以为他们提供保护——这对于指导教师一方来说，如果称不上义务的话，至少也是一种承诺。一个研究中世纪早期史的历史学家会毫不犹豫地将这种类型的关系认作是封建的。

随着时间的推移，情况会变得越来越复杂，因为那些临时研究人员发现改换门庭去从事其他活动会越来越难，因此他们与导师的依附关系也日益加深，与此同时，其保护人的道德责任也在不断增加。

结果是：在选择的过程中，为了某种类型的底线伦理得以维持，每个人所支持的候选人至少都是合适的[1]，但没有人试着决定谁是“最好的”：在地方与国家的联盟、各种（权力）斗争以及各种平衡所构成的复杂体制的背景中发生激烈的竞争。用这种方式所选择出来的人会倾向于再生这个系统，而极少会接受创新要素或与传统决裂。对于一个谨慎的、外部的观察者来说，意大利学术界的这种阶层筛选似乎表现为（它也严重助长了官僚主义）在各种最优化选择原则之间的无休止的争斗，以及至少在形式上试图逃避它的一种徒劳的努力。

我们可以补充一个事实：最初作出努力遵循科学规范的决定，常常依赖于某些偶然的原因以及作出该选择的人的社会地位。最后的结果就是与能够保障某种程度的稳定性的潜规则相妥协，而丝毫不愿意接受反常、奇想或者创新：这个系统是高度保守的。如果再加上我前面提到过的“同行评议”的效果，其团体的正统性就如钢铁般坚固。

有人正确地写道[2]，无论如何，现在不会再有哪一家有声望的期刊会发表像爱因斯坦 1905 年阐述狭义相对论基础的那样的论文了——一篇主要由非正统概念构成、

① 虽然在许多情况下这一类的“伦理”也可能不起作用。这偶尔也会成为各大报纸的头条新闻，它们特别热衷于曝光在各高校中随处可见的“高校王朝”（university dynasties），以及学术上的近亲繁殖，如父子关系、姻亲兄弟关系等。

② 法比奥·托斯卡诺（Fabio Toscano）：《天才与绅士》（*Il genio e il gentiluomo*），希罗尼·艾迪托雷出版社 2004 年版，第 72 页。

由一个拥有像今天的××××@ yahoo. com 那样的电邮地址(即不属于任何大学或研究中心)的无名小辈撰写、也没有引用任何一篇参考文献的论文。

同样,如果一个诺贝尔奖获得者"匿名"(当然实际上不可能)在意大利参加一项公开竞争,他很可能会被拒之门外。[①] 但是,并非每个人都知道的是:在意大利,拥有学位并不是参加大学席位竞选的必备的先决条件,因为真正重要的是他的客观的资质![②]

所有这些都与"科学的"无关,但却是非常人化的。试图从中得出科学知识的可靠性和价值的结论是荒谬的;人们倒是应该合理地担心它对科学的声望可能会带来的损害。

不难将这种情况与天主教会的历史加以比较:多个世纪以来能够达到教阶等级最高层者大多出身于贵族家庭,或者具有显赫的社会地位。而通往这些位置的道路,包括教皇的宝座,经常被鲜明地刻上了对立派别相互争斗的印记,其真实目的当然并非是为了信仰。

今天,社会的政治组织权力与教会的内部结构之间的

① 这种讽刺性的比喻还可以在乌姆贝托·艾科(Umberto Eco)的《第二种日记》(*Il secondo diario minimo*)中名为"合格的教师"(concorsi a cattedra)的一章中发现。

② 应该提到的是,贝奈戴托·克罗齐从来没当过大学教授,也没有学位,但他却被评为20世纪上半叶最重要的人文哲学家。

直接关联已经被瓦解了，如同在学术界发生的那样①。现在非学术的教授职位已经非常稀少，而很长时间以来在教会里的每一个新教皇也都来自红衣主教，虽然从原则上讲，任何一个受洗的单身男性都有资格参加竞选：如果他还不是神父的话，被选上后可以直接授予该职位。②

"Via Panisperna 的男孩们"③ 喜欢自称为"红衣主教"，这个团体的领袖恩里克·费米（Enrico Fermi）是"教皇"。不仅如此，当时的物理系主任欧索·马里奥·柯宾诺（Orso Mario Corbino）还是"全能神"（Almighty）。当然他们是在开玩笑，但这个玩笑却很有象征意义：天主教的教阶是权力的金字塔，科学界同样也是。

人们在同样的状态下似乎会作出同样的行为，特别是与权力有关的时候，而不管他们的外部表现如何。这种观察并没有涉及任何有关科学知识的价值和本性④；同样，

① 虽然，在这些显赫职位与拥有它们的人群的中产阶级出身之间的关联还没有被彻底消除。

② 这种情况的例子有 1276 年当选的教皇阿德里安五世（Hadrian V），原名奥托博罗·费什（Ottobono Fieschi），虽然他当选后 38 天就去世了，还没有授予神父职位，但他实际上已经是红衣主教。

③ 这是给那些 20 世纪 30 年代初期聚集在恩里克·费米周围的一群年轻睿智的物理学家们起的名字。

④ 我记得在学生反抗运动的年代，曾经有一个研究生对我说过，也许在另一个社会里，牛顿力学第二定律不是 $F=ma$，而是 $F=ma^2$。

它也没有告诉我们任何有关信仰的内容及其可靠性的问题。

无论如何，分析权力斗争的形式可以明确地揭示人性的某些方面，但对于科学与信仰是否相容的主题却毫无意义，除非我们把两者都看作是由实践着或宣称信仰着它们的人所建立起来的组织结构；这些结构表现出同样的动力学，当它们相互竞争主体地位的时候就会产生冲突，而与它们各自的内容无关。

科学与伦理

在所有反对信仰的论证中，最强的论证之一是宣称教会试图为科学研究设立界限。实际上，特别是对于生命科学，宗教界一直有呼吁应该有不可逾越的伦理界限存在的声音，即禁止对某类事物进行研究的界限。我在这里使用了条件语，因为所有这些都围绕着解释与恐惧旋转。

首先和最重要的，是在理论研究和实际应用之间的混淆。很显然，用刀刺人是不被允许的，但这并不意味着你不能研究炼铁或者使刀变得锋利的技术。

我并不是故意使问题变得琐屑化：实际情况当然比我上面举的例子复杂得多。一般来说，伦理学更多地关注知识的应用而不是关注知识“本身”（per se）。但这两件事情并非那么容易区分开来，因此很容易产生怀疑，并将问题粗暴地简单化。在基督教里，这种怀疑和预设式的（pre-emptive）悲观主义回应着《圣经》里“至于善恶树上的果实，汝不可吃”① 的警告，如果我们将“知善恶的

① 《创世纪》2：17。

知识”往前推进一步，使其包括一般的知识。

同时，在科学的世界里，在适当的研究与应用之间过渡也不是一件容易的事情。

1942 年，美国政府启动了曼哈顿工程计划（TheManhattan Project）。其目的是制造一种能够控制原子核裂变的武器，它在四年前由德国人奥拓·哈恩（Otto Hahn）和弗里茨·斯特拉斯曼（Fritz Strassmann）发现①，并且奥拓·弗里奇（Otto Frisch）和里瑟·梅特勒（Lise Meitner）② 于 1939 年 2 月便理解了该发现的意义。该计划的负责人是美国物理学家罗伯特·奥本海默（Robert Oppenheimer），他以极大的热情接受了这项任务，并将许多一流的物理学家聚拢在一起。当他们意识到他们正在做的事情意味着什么的时候，这些研究者们聚集在新墨西哥（New Mexico）的洛斯阿拉莫斯（Los Alamos）的秘密实验室里，内心开始出现动摇和疑问。奥本海默在面对同事们的犹豫时总是表现得意志坚定和毫不退缩；世界大战正在进行，并且众所周知，希特勒的德国正在积极寻求将核裂变用于军事：一旦德国人先研制成功，将会发生什么情况?

① 人工诱导铀 235 核裂变技术实际上在 1934 年就已经被在罗马的恩里克·费米领导的研究小组实验成功，但当时这些意大利的物理学家并没有意识到这一点。

② 里瑟·梅特勒（Lise Meitner），犹太裔奥地利人，在希特勒吞并奥地利前一直与哈恩（Hahn）在柏林合作研究；奥地利被吞并后，她加入德国国籍，并被迫逃亡。

甚至爱因斯坦，一个众所周知的和平主义者，也在1939年给美国总统富兰克林·罗斯福（Franklin Delano Roosevelt）写信①，支持美国进行核裂变的研究，以赶在纳粹德国之前取得成果。

于是，洛斯阿拉莫斯的工作继续进行，原子弹制作成功，1945年8月，其中两颗原子弹扔在了日本国土。

原子弹的运用使很多科学家感到震惊，奥本海默也深感自己对广岛和长崎发生的事情负有某种罪责，1947年11月，他在MIT（麻省理工学院）的一次演讲中说道："物理学家已经理解了原罪，这是他们不会忘记的一种知识。"② 他为自己态度的转变付出了代价，并且1954年他被传唤在一次安全听证会——接受调查。

这使我联想到另外一个富有意义的事件。其实，核裂变实验在意大利也取得了成功，就是由上文提到的"Via Panisperna的男孩们"做的，但是由于种族法的制定，这个小组实际上在1938年已经解散③。其中四名成员移民

① 该信由移民美国的匈牙利物理学家列奥·兹拉德（Leo Szilard）执笔，并由爱因斯坦签名。

② 该演讲的题目是"当代世界的物理学"（Physics in the Contemporary World），演讲稿发表于《原子物理学家公告》（*Bulletin of Atomic Scientists*），Vol. IV，no. 3，1948年3月，第66页。

③ 每当看到欧洲法西斯给旧大陆的科学发展带来的毁灭性灾难，都令人感到愤怒和不安：一大批富有才华的科学家不得不移居美国，这为美国科学上的优势地位奠定了基础，而将欧洲置于从属地位，使后者不得不花费很大的气力去努力恢复它从前的地位。

到了北美，他们能够比其他成员有更多的机会继续从事核物理的研究。1942 年，费米成功地获取了可控制的原子核链式反应技术，并在芝加哥大学体育馆的看台下面建造了历史上第一个核反应堆①，在曼哈顿工程中发挥了主要作用。他从来没有奥本海默式的犹豫，当然也没有后来的立场转变，原因之一是他那时仍然在意大利，从而可以避免对任何事情都要采取某种“政治”立场的情形。但并非这个小组的所有成员都是幸运的。它的另一个成员弗朗克·拉瑟蒂（Franco Rasetti），与费米同岁，1939 年离开了意大利，从一个罗马的光谱学教授变成了加拿大魁北克拉瓦尔大学（Qubec Laval University）的物理学研究所的所长。

让我们看一看拉瑟蒂在加拿大写给他在意大利都灵（Turing）的朋友恩里克·佩斯科（Enrico Persico）的信，该信于 1949 年 4 月 6 日寄出：

> 我对物理学的最近应用感到如此厌恶（感谢上帝，我与此事毫无瓜葛），以至于我一直在认真地考虑以后仅仅在地理学和生物学领域工作。我发现物理学的过去和现在都在以一种骇人听闻的方法被使用，

① 事件由该实验室主任阿瑟·康普顿（Arthur Compton）在电话中用暗语向他的哈佛同事宣布：“意大利领航员在新世界着陆。”

以至于到了这种程度：它的目前状况不可能给予这门学科以前曾经拥有过的自由的和国际化的品格，而只能使它成为施加政治和军事压迫的手段。而在我心目中那些一直充满尊严的人们似乎也不可能将他们自己卖身为如此骇人听闻的堕落行为的工具。然而，这的的确确是眼前正在发生的事实，而他们对此似乎还毫不知晓。在今日世界的所有令人厌恶的景象中，再没有比在军队监管下的实验室工作、为下一场战争制造更多的毁灭性武器的物理学家的形象更糟糕的了。①

从第二次世界大战一直到现在，物理学无论是在政府还是在一般公众中所享有的巨大声望，毫无疑问与它在发展威力巨大和极端复杂的武器方面所作的实质性的贡献是分不开的。弗朗克·拉瑟蒂后来的确离开了物理学，成功地献身于古生物学和地理学的研究。

列奥·兹拉德②曾经参加过曼哈顿工程计划，也在1947年放弃了物理学，而投身于分子生物学的研究。

① 伊多阿多·阿马尔蒂（Edoardo Amaldi），Da Via Panisperna all' Ameirica，乔凡尼·巴蒂梅尼（Giovanni Battimelli）与米开朗琪罗·德·玛瑞亚（Michelangelo De Maria）编辑，Editroia Riuniti，罗马1997年版，第172—173页，英文由本书英译者给出。

② 匈牙利物理学家，20世纪20年代在柏林遇见爱因斯坦，在英国停留后移民美国。他从事核反应堆的设计工作，并参加了曼哈顿工程计划。

在 Via Panisperna 小组的物理学家中，伊多阿多·阿马尔蒂（Edoardo Amaldi）留在了意大利，在罗马大学从事研究工作，并成为新一代研究人员的楷模。意大利参战后，阿马尔蒂和他的同事们终止了所有与核裂变有关的研究工作，以避免冒可能被迫与军事项目合作的危险。

物理学家与原子弹的案例无疑是最广为人知也最富有争议的，但它绝不是唯一的有明显伦理学问题的案例。这只要看一看在纳粹集中营里在犯人身上做的“科学”实验①，以及出于所谓国家安全的需要，美国在被试者完全不知情的情况下做的几次药物试验就知道了。特别是在20世纪40年代与50年代，以后也时有发生，在没有通知被试者，更不用说征得他们同意的情况下，检验电离辐射对人体产生的效果的实验。根据当时的情况，那些用于实验的所谓“几内亚猪”（guinea pigs）是医院里的病人、罪犯、有智力缺陷的或被遗弃的儿童，等等。一个叫艾琳·维尔萨姆（Eileen Welsome）的记者1993年写的一份质询/报告中披露了给人体注射含有钚的物质的几个研究案例。这次报告发表后，美国总统克林顿在1994年任命了一个“人体辐射实验顾问委员会”的组织——ACHRE（Advisory Committee on Human Radiation Experiments）。由约

① 其中最臭名昭著的就是由约瑟夫·蒙格勒（Josef Mengele）医生在奥斯维辛集中营（Auschwitz）所做的实验。

翰·霍普金斯（John Hopkins）大学的贝尔曼（Berman）生物伦理学研究所的卢斯·法登（Ruth Faden）教授担任主席，委员会的任务是对相关事实开展调查并汇报结果。调查结果最终证实了所报道的事实，并且还曝光了时间截至20世纪70年代中期所发生的其他几个类似的案例。①

对科学的滥用早在冷战之前就已经发生。在19世纪的学术环境下，发展出了后来被称作“科学种族主义”的东西。通过应用人类学与基因学的概念，借助于达尔文的进化论，有人声称可以在当代人的身上辨认出与人类进化不同阶段相对应的不同种族②。根据这种“科学”分类，有进化程度较高的，因而是较优等的种族（比如欧洲白种人），也有进化程度较低的，因而是较劣等的种族。整整一个世纪，种族理论被用来为殖民主义、奴隶制、种族隔离等一切纳粹主义的畸形怪物作“科学”的论证。在20世纪的最初几十年，除了德国之外，种族法也在诸如美国、英国、法国、西班牙、加拿大、瑞典等国家被强制实行。

① 该委员会的调查结果可以在下列网站查询：http：//www. gwu. edu/~nsarchiv/radiation/dir/mstreet/commeet；commeet. html 以及 http：//www. hss. energy. gov/HealthSafety/ohre/roadmap/achre/index. html。

② 该“理论”在法国的始作俑者之一是约瑟夫·阿瑟·德·戈宾诺（Joseph Arthur de Gobineau），他在1853年出版了《论人类种族的不平等》（*The Inequality of Human Races*）。

与科学种族主义密切相关的是优生学理论。这门学科是由弗朗西斯·高尔顿（Francis Galton，达尔文的表兄弟）综合了生物进化论与最适者选择的理论而引入的。它主张研究机构应该通过鼓励或外部强制手段进行选择性配对，以促进人种质量的提升。这种观点还曾经在诸如1912年的伦敦会议那样的国际学术会议上宣读；以此理论为基础，美国、英国及其他欧洲国家，通过了旨在鼓励优良人种生育，劝阻或禁止带有不良性征的人种生育的优生学立法。对不良性征的选择性消除也包括消灭那些心理不稳定人群、精神病人、罪犯、变态者甚至癫痫病患者。在这份实行强制灭绝的国家名单上，希特勒统治下的德国自然名列榜首，排名紧随其后的依次是美国、斯堪的纳维亚国家、加拿大和瑞士。[①] 合法的优生学灭绝行为从20世纪初一直持续到20世纪80年代。

在瑞典和芬兰，优生学政策还用来缩减由福利国家支付的儿童福利。英国哲学家赫伯特·斯宾塞（Herbert Spencer）将进化论推广到社会和经济领域，提倡将绝对的自由贸易作为“自然的”和社会的最适者的选择机制。

在这种背景下，兴起了一门被称作颅相学的学科。颅相学，在它获得这个特定的名称之前，是由一名叫弗朗

① 相关档案与参考文献可在下列网站查询：http://www.zadigweb.it/amis/schede.asp?id=6&idsch=22。

兹·约瑟夫·高尔（Franz Joseph Gall）的德国医生创立于 18 世纪末的。其理论可简单概括如下：人类心灵及其所有特征都集中在脑部，它决定了大脑形状（同时也被大脑形状所决定），因而可以在人类头盖骨的形状中反映出来。人的品行、缺陷、倾向、天资等都可以依据头盖骨的特征（凹陷、凸起、大小等）推断出来。高尔的理论随着他本人从德国迁移到了法国，随后，由于他的学生约翰·斯佩兹海姆（Johann Spurzheim）的努力又传播到了英国。在英伦三岛，该理论被一位名叫乔治·科姆（George Comb）的苏格兰律师重新拾起，随后又传到了美国。后来它突然变得无比时髦起来，国际上成立了专门的颅相学学会和期刊；在有关该学科的公共演讲上听众蜂拥而至，医学与科学的各种研究院和学会也为该学科的发展推波助澜。科姆的书《在与外物的关系中思考人的构造》（*The Constitution of Man Considered in Relation to External Objects*）初版于 1828 年，到 1860 年已经在欧洲和美国销售了 300，000 册①。公司在对应聘人员的资质测试中也包括了对头盖骨形状的分析。在美国，佛勒（Fowler）兄弟及其亲属创立了一个企业王国，其目的就是推广和应用颅相学；用于解释头盖骨形状的设备被成套地制造和销

① 达尔文出版于 1859 年的《物种起源》，到 19 世纪末销量才达到 50，000 册。

售，关于颅相学的分析报告连篇累牍，关于颅相学的培训课程随处泛滥。因为以下观念的流行而给所有这些蒙上了一层慈善的色彩：通过饮食以及恰当的精神“体操”的方法，有可能改变大脑的形状，从而改变头盖骨的形状。通过实施这些活动，特别是对小孩和年轻人，将有可能发展他们的优良资质，以减少或消除有缺陷的性状。

在意大利，犯罪学家色萨瑞·罗姆布罗索（Cesare Lombroso）的工作很好地体现了这一理论。他相信人有某种返祖性的犯罪倾向存在，它反映在头盖骨的形状和其他的相术特征（比如发际线）上。从这个观点出发，罗姆布罗索坚持死刑是必要的，因为天生的罪犯是无药可医的。在他死后多年，在意大利警察局还能发现如何通过耳垂或者眼距识别潜在的杀手的明细表格。①

值得我们深思的是：无论是科学种族主义、优生学还是颅相学，最初都是从促使人类进化的善良愿望出发的。

对于今天我们能说什么呢？引用弗朗克·拉瑟蒂的话来说，仍然有许多科学家“在军队监管下的实验室工作，并为下一场战争制造更多的毁灭性武器”，或者为现在正在发生的许多战争制造武器。除了直接军事的之外，还有许多别的“前线”。

① 这个论断所依据的相关材料来自我的父亲，他从第二次世界大战期间开始，一直做了三十多年的警官。

科学研究需要越来越多的资源，在某些情况下这些资源越来越重要。实验室通常都很昂贵，而现在的研究人员越来越多，他们希望能够看到一个有前景的未来。那么，发展科学的目的何在呢？追求真理吗？是的，也对，经常，有时候……但是当我们选择达到目的的手段和方法时，另一个强大的因素出现了：市场。

当涉及制药与医疗保健企业时，大众媒体也经常出现问题。几乎没有人怀疑这方面的研究具有强烈的市场导向：药物研制是为潜在的顾客着想；维持病情稳定比治好病更重要；治疗比预防更重要；新的化妆品比新的抗生素价值更高；等等。

另一个有趣的例子是气象学与全球变暖。科学共同体现在普遍相信全球气候的确是在变暖，并且人类行为要对此负主要责任。科学共同体内部的争论主要集中在技术方面：比如某些数据的可靠性，这种或那种化学—物理机制的相对重要性，特别是对温度升高的评估，等等。但经常也会出现一些完全非主流的专家——而媒体也常常给他们以显著的版面——他们声称全球变暖只是一个神话，而且在任何情况下人类行为都对此毫无影响。这些专家毫无例外地受到石油公司或者几家企业游说集团的金钱资助。但是，究竟是因为他们传播了这些消极的理论才受到资助，还是因为他们受到了资助才传播这些消极的理论呢？可能两方面都有一点吧，但无论如何，公众是被弄糊涂了。在这个问题上，科学退居到次要地位，某些伦理问题则凸显出来。

另外，如果我们看一看在公共机构所开展的研究，比如在大学里，通行的基本规则是：重要的研究经费，无论公共的还是私人的，都必须根据具体情况按不同的方式得到保障。只要留意一下公告以及对新招聘人员的要求就可以知道，在实际操作中，有时候甚至在书面的意向中，首要的和最重要的资助领域是那些能够卖钱的项目。在没有任何审查或者禁令的情况下，研究项目的选择常常是市场引导科学：最重要的知识是有用的知识，因为它能够卖钱。

从本章的内容我们能够得出什么结论呢？撇开具体问题不谈，我认为要把纯粹的研究从对它的应用和条件中分开似乎非常困难；更为明显的是，关于科学是什么以及科学有什么用的伦理问题会一直与科学相伴随。从我们所举的例子可以明显地看出：既没有超越于伦理学之上的科学，也没有自身包含伦理学的科学。人类的困境与弱点既存在于科学的世界之外，也存在于科学的世界之内。各种千差万别的意识形态构成一幅纷繁复杂的景观：从 19 世纪对“进步”的追求到“我死后哪怕洪水滔天”的 21 世纪的个人主义，到对市场的偶像化，到各种形式的优生学的死灰复燃，等等等等。

科学，像信仰一样，可以被用作今日各种意识形态的遮掩。无论如何，企图赋予科学以道德上的优越性，或者在伦理上把科学当作信仰的对立面，都是荒谬愚蠢的行为。

语　言

“你们的话，是，就说是，不是，就说不是。”① 与福音书无关，宗教语言——无论是基督教的还是其他信仰的——经常被一些修辞学家说成是模糊的、空洞的和有意误导的。相反，科学理性则是用明确的、清楚的、不会误导的方式来表达。在本章中我们将看到，事实上科学话语也绝不能免除宗教语言的缺陷，而这些缺陷常被某些人说成是信仰独有的东西。

语言是交流的最完整的形式，并且是典型的人的行为。语言可以用来传递任何信息，虽然它并非处理信息的唯一渠道。

在人类思想史上，语言自身扮演着重要角色，不仅仅作为工具，甚至还作为观察的主题。特别是在希腊哲学中，逻各斯（Logos）就是人类理性的表达，反映希腊文化的《约翰福音》开篇便写道：“太初有道。”②

---

① 《马太福音》5：37。

② 《约翰福音》1：1 。

这也证明了在被当代人弄得琐屑化之前，语言本质上在每一种文化中所享有的神圣意味。简言之，在古代，语言不仅仅是习惯性地指示某个事物或某个概念的一连串的声音，在某种意义上它就是事物本身，是它的灵魂、它的本质。

语言的神圣化方面常常阻碍我们接受它们的日常用法，直到它所采用的表达形式和方法相对于其信息的可理解性具有绝对优势。这导致了圈内行话、隐藏的意义、仪式甚至魔术式的表达方式的产生。语言的这种用法使我们在一个社会内部对人群作出区分：那些被某些词的深层的、真实的意义所接纳的人为一方，那些被排除在这些用法之外的人为另一方。

将这些应用于书面语中，当指涉神圣事物时，将会比往常导致意义的凝固化：内容与形式更紧密地结合在一起。

《旧约》现在已经被翻译为各种语言，但正统的犹太人只阅读希伯来文版本。对于最极端的正统派来说，希伯来文本中的每一个字母都不能被批评，最多只能供研究以发现其多种含义。这是因为，既然它是上帝的话语，那么除了字面意义之外，它还包含无穷的意义供信徒们根据自己的需要在随后的研究中不断地去挖掘。

对于伊斯兰世界来说，《古兰经》亦是如此。在马德拉萨斯（Madrassas）学院[①]，《古兰经》只能用阿拉伯文

① 研读《古兰经》的学校。

研究和背诵，在世界的任何一个地方举行的宗教仪式上，《古兰经》也只能用阿拉伯文背诵。《古兰经》的文字不能更改，因为它是神的话语的文字表达。出于实用的考虑（只有10%的穆斯林的母语是阿拉伯语），伊斯兰的经文很早就被翻译为各种语言，但很多穆斯林仍然对此充满疑虑，把这看作某种迫不得已的需要。

基督教世界的情况一开始就很不相同。基督教教义的核心是宣称“好消息”（Good News）的来临，而这个消息必须被传达给每一个需要能够理解它的人。在复活节后的第五十天（五旬节），去耶路撒冷过节的朝圣者听到信徒们用他们各自的母语宣讲福音（“好消息”）：“看哪，说这话的不都是加利利人吗？我们各人怎么听见他们说我们生来所用的乡谈呢？”① 福音是讲给每一个人听的，不需要用某种特殊的语言来表达。

在第一代基督徒中，并没有人试图保留实际上讲阿拉姆语的耶稣基督的原始语音。大约在公元1世纪中期，在整个东地中海盆地的通用语言是希腊语，一开始的文本和祷告文使用的都是这种语言。四部正典福音书中，只有一部《马太福音》很可能——至少其中部分文字——是用阿拉姆语写的，虽然它保存下来的最早版本仍然是希腊语。最早的犹太基督徒在使用异邦人的语言传播上帝的话

① 《使徒行传》2：7—8。

语方面从来没觉得有什么问题，他们也不认为必须使用《旧约》的希伯来语。

保罗在他给哥林多人的第一封信中写道：“因为基督……差遣我……为的是传福音；而不用智慧的语言”①。这封信所用的希腊语也不是正式的书面语，而是朴素的方言。

在一段时间内，罗马帝国西部的《福音书》和崇拜仪式所使用的语言也是希腊语，虽然一些业余翻译者（DIY）所译的拉丁文的译本也同时开始出现。直到公元4世纪，教皇达马苏斯一世（Damasus I）才让他的秘书杰罗姆（Jerome）翻译了第一本官方的《圣经》拉丁文译本。杰罗姆共花了15年多的时间，直到公元405年才完成翻译工作，这是一本每一个西方人都能够读懂的通用的《圣经》版本（包括《旧约》与《新约》）。

当然也并非真的每一个人都能够读懂，因为基督教的传播跨越了帝国的边界，比如传到了日耳曼民族。为了使那里的人也能够理解福音，在公元4世纪，甚至在圣杰罗姆（St Jerome）的通用版本出现之前，哥德主教乌尔菲拉斯（Ulfilas）已经将《圣经》翻译为自己民族的语言。

在近东地区也是如此，虽然那里希腊语为主导语言，

① 《哥林多前书》1：17。

但地方教会将祷告文和经文翻译为当地方言：科普特语、叙利亚语、亚美尼亚语……当基督教传播到斯拉夫民族时，后来被封为圣者的两位主教西里尔和美多德（saints-to-be Cyril and Methodius，公元9世纪）将《圣经》翻译为斯拉夫语，并且像乌尔菲拉斯一样，引进了一种适合这种语言发音的新的字母表。①

随着时间的流逝，礼拜仪式的神圣性也在基督教世界产生了越来越重要的作用。因此，即使西方世界的普通大众越来越少地使用拉丁语，但主持弥撒和朗诵《福音书》时仍然要使用拉丁语。身兼阿里乌斯派教徒（Arian）②的乌尔菲拉斯被遗忘了，拉丁语（当时的文化与外交语言）开始在日耳曼（Germanic）或者凯尔特（Celtic）民族中使用。

采用古老的语言一方面固然可以增加魅力并加强神秘感；另一方面，它也需要通过媒介用一种普通人能够理解的方式解释信息的内容和仪式的意义。中间媒介，以及在某种意义上的过滤器的观念，正是16世纪新教改革运动中争议最大的重要观点之一。路德（Luther）的功绩之一

① 格拉高利字母表（Glagolitic alphabet）是西里尔字母表（Cyrillic alphabet）的前身。

② 阿里乌斯教是基督教的异端，它起源于北非，随后越过罗马帝国的边界，特别是在一些未开化的民族中传播。它的创立者阿里乌斯（Arius）认为，基督是上帝创造的，因而基督并不是上帝本身。

就是把《圣经》翻译为德语[①]，他的译本广为流传；该译本也与新教改革运动的典型理念，即由每一个信徒自由解释经文的思想有密切联系。

天主教会在礼拜仪式里抛弃拉丁语，重新引入地方语言，仅仅发生在 1965 年的第二次梵蒂冈大公会议之后，而且这是一个伴随着痛苦的过程。

礼拜仪式的语言最终也在其他的古代教会中被固定下来，这些教会最初也是采用地方方言的，因而它也变得不能被一般的信众所理解了。这就是在整个东正教（Orthodox）世界里所发生的情况，那里的礼拜仪式所使用的希腊语当然不是今天所讲的希腊语，迦勒底教会使用的是阿拉姆语，科普特教会使用的是波海利的科普特语（Bohairic Coptic）。最极端的情况是埃塞俄比亚的东正教会，礼拜仪式所使用的是葛额兹语（Ge'ez）（一种古埃塞俄比亚语），遑论信徒们，就连主持弥撒的神父都很难听懂。

因此，语言在宗教的世界里具有特殊的作用，它作为交流工具的功能可能会、而且也常常的确是变得模糊了。以至于信息的表达常常是，或者被认为以及被说成是寓言

---

① 事实上，那时已经存在被天主教会认可的多个德文圣经译本，但路德的翻译（也有其他学者参与翻译工作）是根据原始文本，而不是根据拉丁文本。

式的：语言既交流着又隐藏着，它需要依靠专家的初始化或者媒介化才能够被理解。

这是宗教的情况。那么科学呢？科学使用明确的语言，文字与意义是一致的，至少对自然科学来说，它使用的是数学的语言，它不允许寓言式的或个人性的解释：这至少是一个科学的“门外汉”对科学的世界所期望的情况。但情况果真如此吗？

让我们首先考察那些所使用的语言本身并不太重要的科学文本。生活在17世纪早期的伽利略（Galileo Galilei），主要用意大利语写作，虽然他的《星际信使》（*Sidereus Nuncius*）[①]是用拉丁文写的。17和18世纪科学界的顶尖人物牛顿（Issac Newton）同时用英语与拉丁语写作，他最有名的著作《自然哲学的数学原理》（*The Philosophiae Naturalis Principia Mathematica*）[②]是用拉丁文写的。和许多其他德国科学家一样，生活在19世纪早期的卡尔·弗里德里希·高斯（Karl Friedrich Gauss）的著作也是用拉丁语写的。

实际上，仅仅是在第一次世界大战结束以后，英语作为国际化的科学语言的地位才正式确立。第二次世界大战结束后，英语才在世界上取得了支配地位。科学英语

① 在这本书里，伽利略将他作出的天文学发现与他的望远镜联系起来。该书出版于1610年。

② 该书出版于1687年。

(Scientific English）在某种意义上就是今天的通用希腊语，κοινή[①]，它与莎士比亚式英语的联系并不十分紧密，北美英语比英式英语具有更多的优势。正如我已经说过的，精确科学的真正语言是数学，包括它的形式的严密和理性的力量，当然也有其局限性。

它是每个人都能懂的语言并且不需要中介和翻译吗？最好试着读一读发表在科学期刊上的关于任何一个主题的论文，包括许多网络期刊。如果谁要测试一下的话，主要但并不仅仅局限在物理学领域，可以上公共网站[②] http：//xxx. lanl. gov。它可以为科学共同体提供甚至尚未在期刊上发表的作品，而无论其将来是否会发表。希望我这样说没有冒犯到任何人：如果你不是圈内人的话，你可能连一个字都读不懂。

这当然也不是什么丑闻。每个人都会承认要掌握或者理解一门科学语言必须经过长时间的学习；实际上公众经常认为语言的难度恰恰是科学论文质量高的标志。1919年，一位来自伦敦的《纽约时报》通讯记者曾经被邀请参加皇家天文学会（the Royal Astronomical Society）与皇家学会（the Royal Society）的联席会议，讨论当年通过对

① 通用希腊语（Common Greek），自希腊化时代以来在古代世界广泛传播的语言。

② 这是所谓“洛斯阿拉莫斯档案馆”（Los Alamos Archive）的网站，它为多种学科的研究材料之间的互动交流提供了十分有用的帮助。

日蚀的观察从而获得的对相对论的证实，他写道："一本为十二个聪明人所写的书，世界上没有更多的人能读懂它"①。这家报纸想要达到"语不惊人死不休"的轰动效果，因为爱因斯坦理论的复杂性与它的深度是相吻合的。不可思议的是：令初学者难以理解（实际上，对科学共同体中的大部分人来说也是如此）的品质竟被看作是高质量的标志。

无论如何，科学的内容，要想传达给更广泛的公众，就需要被通俗化，即翻译为日常语言。在科学与大众之间插入了一个阐释者，虽然其能力各有差异，但都会不可避免地将他或她的个人理解掺入信息之中，而公众对此却毫不知情。"外行们"（用科学的术语）只能"信任"翻译者，而当面对总有着或大或小的差异的各种通俗版本时，他们只会感到漫无头绪的混乱。

事实上，爱因斯坦自己也写道："除非你能够向你的祖母解释清楚，否则你就没有真正弄懂它。"② 这句话的意思是：我们总是可以找到一种可以让人理解的方式来解释科学知识的本质。我本人对此也深信不疑，当然，我丝

① 据有人考证该记者根本不懂科学（他是一个高尔夫球高手），他将这句话归于爱因斯坦本人，但爱因斯坦本人却明确地否认说过任何类似的话。而且没有任何记录/著作（"book"）提到此事。然而，从那时候以来，关于这个理论全世界只有少数人懂的传说就此诞生，并且流传了几十年之久。

② 他是在给一个小孩的回信中这样写的。

毫也没有低估该问题技术方面难度的意思。

然而，有时候所谓技术方面的困难只是一种托词而已。例如，让我们回到我早先提到过的那个网站，试着从“广义相对论与量子宇宙学”主题里抽出一篇论文，读给在“压缩物质”领域里的专家们听听，或者反之。听者很可能会告诉你他们什么也没有听懂。

我上面提到的是物理学相距较远的两个分支，但这种阅读的困难甚至在同一个分支内部也一样存在。一个实验物理学家很难读懂一个理论物理学家写的文章，反之亦然，即使他们在同一个领域工作。需要提醒你的是：如果你们在同一个领域工作的话，你可能会读懂你的同事研究不同的问题的文章，但你却发现很难懂得他的工作意义。

产生这种不可交流性的部分原因是科学共同体内部自发（spontaneous）和自然（innocent）诞生的科学行话（scientific jargon）和真正的“方言”（true dialectics），它们也是科学共同体的各个部分所具有的典型特征。以天文学家为例，关于恒星大气层，他们继续谈论着“金属性”和“金属”，意指门捷列夫周期表上位于氦以后的所有元素。这是一种很自然的表述，就像年轻人称他们的朋友为“铁哥们”（blood）一样。

更进一步，当这种差异扩展到了数学符号，或者扩展到根据语境不同而采取不同形式的术语和概念的使用上，在这种情况下，可能真的会出现世界上只有几十个科学家能懂的理论，并不是因为理解这些理论需要很高的智商，而是因为它们的表述方式被限定在一个特殊的、严格的圈子内。形式主义和语言障碍变成了抵挡非俱乐部成员的同行们非法侵入的保护性壁垒，虽然一般说来不同部门之间的相互渗透是科学研究取得成功的因素之一。

人为制造的（non-innocent）不可渗透性（impenetrability）的目的之一是保护各研究分支，因为如果科学界同行不容易理解的话，就会显得毫无意义和无足轻重了。相反，如果包裹着初学者难以理解的大量的符号和表达式，它们就可以证明自己属于追求严格精确性的专业小圈子内。我们不要忘记，研究团队也为争夺资源而相互竞争，成功与否通常是由专业化的出版物的数量来衡量的：可能的评议人的数量越少，他们越是属于与某一特定研究分支的存亡有关的同一个领域，情况就越好。

同一门学科的不同分支之间的不可交流性确实令人惊讶，至少对于初学者来说，特别是在选择、竞争性评估和公开竞争的情况下更是如此。在意大利的现行体制内，一般来说，候选人的数量由专家联席会议控制。现代科学的高度专业化在体制上的表现就是所谓的“科学专业部”（Scientific Disciplinary Sectors，意大利语的缩写是SSD——Settori Scientifico-Disciplinari），意大利大学的教师和研究人员分布在其中，在意大利共有370个SSD（根据2000年10月4日的部长法令），被分成14个领域。它们实质上也是保护自己不被非法侵入的防御工事，而且以法律的形式被神圣化了。

无论如何，在公开的竞争中，评审人必须对候选人科学成果的质量作出评定；结果是（肯定不是形式上的），他们都十分坦然地承认自己在专业能力方面的不足。虽然他们属于同一个SSD，但检验者却并不认为自己有能力阅读和评议所提交的论文。这种能力方面的欠缺——有时候也作为逃避繁重劳动的借口——就通过求助于“客观指标”来补偿，而这些指标越来越频繁地由规则和制度决定。这些指标包括：发表成果的总的数量；作者的人数（大多数情况下，出版物上正式列出的作者名单中“也”包括实际的作者）；论文发表的期刊的类型及发行周期；论文在其他出版物被引用的次数（这种情况下，在同一个专业和专门团体内部的相互引用起着十分重要的作用）。

情况看来是这样的：科学交流的结构本身以及它的可理解性是选择性的和有保留的，它最终进入社会的信息总的来说是不可避免地被过滤了。

没有必要在这个问题上走得更远，但是我要说的是：在真实的科学的世界里，可以使用普遍、明确、透明和公开的语言来表达的内容并没有我们想像的那么多。

神　迹

神迹可能是科学主义的雄辩家们集中攻击宗教的反讽的和最令人讨厌的方面，也是宗教最容易屈尊俯就的妥协的方面。因此我们不可避免地要尝试去分析它们，去理解它们究竟仅仅是宗教的欺骗性的表现，还是相反，只是与上面提到的那些方面有着某种联系；神迹究竟是对理性的否定，还是在某些方面也可以与理性相容。

福音书里讲述了许多由耶稣本人或者使徒们以他的名义而行的神迹。这些神迹大多是治愈病痛，当然也不仅仅是治病。因为自那时起直到现在，教会的传统就是以行大量的神迹为特征。神迹是由上帝所行，或者是对男女信徒祷告的回应。它们是以明显的超自然的方式被传达给我们的，而且并不寻求特定的、非神迹的解释。

一次婚礼上，仆人在几个大缸里装满了水，等他们往外倒时发现水变成了酒，不知情的客人们品尝后都异口同声地称赞是好酒。①

① 在卡纳（Cana）的婚礼上的神迹，记载于《约翰福音》2：1—11。

圣弗朗西斯（St Francis）亲吻了一个现在看来很可能是嘴和下巴生了肿瘤的人，他的肿瘤立即就消失了。①

一伙强盗洗劫了位于苏萨大峡谷（Susa Valley）的一座教堂，还偷走了装着圣体的圣体匣。赃物打包后由骡子驮着。到达都灵（Turin）时骡子突然倒地死亡，包裹自行打开，在空中漂浮，并发光，所有目击者都惊呆了；接着圣体匣落下，圣体依然悬浮空中，直到城里的主教带着圣杯赶到，圣体方落入杯中。②

这些故事被记载在诸如圣徒传记、圣徒言行录等故事中以及一些官方文件中；它们有时以神话故事的形式出现，有时以新闻报道的形式出现，并有大量的细节描述。

必须说明的是，天主教在把由公众意见所报道的新的事件冠以“神迹”之名方面一般相当谨慎。原因非常清楚：一方面公众的轻信会给骗子以可乘之机；另一方面如果世界充满奇异事件，则偶像崇拜和巫术就会大行其道。普通民众常常倾向于赋予某位圣徒以神迹制造者的地位，或认为他们在某些事件中有超能力，某种行为或物体也容易被认为是“神奇的”。在这方面，信仰的立场十分清楚：神迹只能由上帝所行；如果神迹是回应某人的祷告出

① St Bonaventure, *Legenda Major*, Paoline editor, 2009, p.1046.

② 多米尼圣体（Corpus Domini）神迹，发生于1453年6月6日。

现，则并非因为上帝“被迫”出面干预，也并非任何圣徒自身（per se）具有特殊能力。既没有所谓的巫术魔力，也没有“神奇”的祷告。对教会来说，在有关神迹的事物上没有任何例外，即使圣母玛利亚也必须与上帝协商，而不能单独行神迹。

总之，对死者遗物的原始崇拜，以及与其有关的行为，提醒我们信仰与迷信经常携手相伴而行。考虑到人类乃理性与情感的结合体，我们就不应该对这两个维度在某种程度上的共存感到惊讶。这种结合虽然也常常明显地表现在单纯的、朴素的理性与迷信之间，但更多地表现在负的“信仰”（好斗的无神论）与迷信之间。

教会对此事的谨慎态度使它发展出一套适当的、复杂的程序来鉴别神迹。过程的细节在此并不重要，首先和最重要的是必须运用在特定的历史时代所能够获得的手段以确定事件的真实性。但事情并非总能如愿以偿。可以说一直到公元 12 世纪，几乎所有的与神迹有关的圣徒都受到民众的欢呼与主教的颂扬。但是，到了 17 世纪，为了验证卡兰达（Cananda）神迹①（被截掉将近三年的肢体重生），萨拉戈萨（Zaragoza）的大主教通过公民会议以及与许多证人面谈的方式，进行了长达一年的正式询问。证

① 卡兰达位于西班牙阿拉贡的一个自治区内，该神迹发生于 1640 年 3 月 29 日。

人的陈词被记录下来，并且这些文件都经过了公证机构的公证。

神迹出现在所有的宗教传统中，它们既发生在当代，也发生在或近或远的过去。

至于印度教，1995 年 9 月 21 日的报纸曾报道：位于德里（Delhi）的一座寺庙里的伽内什神（Ganesha）① 雕像，喝了寺庙里用作贡品的牛奶。消息迅速传遍了世界，第二天，几个不同国家的印度教徒声称，就和在德里发生的事件大致同样的时间，他们那里所供奉的雕像也做了同样的事情。

正如我们所看到的，奇异事件并不仅仅出现在与古老的过去相联系的神话学背景里，它们在被以书面语记载下来之前，主要以口头故事（myth，希腊语“神话”）的方式在民间流传。

甚至在有组织的宗教背景之外，也每天都有“神迹”之类的新闻，它们可能通过互联网到处传播。关于这一类型的故事我们能说些什么呢？很容易发现，过去很多被认为是奇异事件的，现在被证明是用科学过程可以解释的自然事件。许多天体现象就属于这一类，它们曾被认为是上帝对人类的直接警告或召唤。

① 印度神祇，在民间很流行，传说能带来好运。是湿婆（Shiva）与帕尔瓦蒂神（Parvati）的儿子，经常被画成只有一根象牙的象头，在游客中知名度很高，因为旅游点有很多它的小雕像出售。

贝叶地毯（Bayeux Tapestry）[①] 上有一块图案被冠以标题“望星惊叹”（isti mirant stellam），绘的是一些望着星星发出惊叹的人们。描述的是被称为“征服者”（The Conqueror）的诺尔曼大公威廉（William）1066 年征服英格兰的事件。那颗“星星”被解释为英王哈罗德二世（Harold II）的不祥之兆，他将在哈斯汀斯（Hastings）被威廉击败。我们现在知道那是颗哈雷彗星，它大约每 75 年在太阳系出现一次。也有人将它在公元 66 年的出现解释为天兆，是引发犹太人起而反抗罗马统治的原因之一。这次反抗发展为犹太人与罗马人之间的第一次战争，并在四年后导致了耶路撒冷宫殿的毁灭。

在古老传统和历史资料中记载的许多其他现象，如天光、巨响、石雨、沸水，等等，现在大致可以解释为北极光、火山爆发、流星陨落，等等。同样，过去许多所谓治愈的神迹现在可以被解释为完全由自然环境引起的稀有事件。我们不要忘记：在过去，疾病的“正常”后果是死亡，而不是康复。

所有这些思考都支持一个历史悠久的结论，即：很多“神迹”其实是人类无知的反映，随着人类无知范围的缩小，神迹的范围也相应缩小。科学的态度直接地和自然地

① 一幅绘于 11 世纪 70 年代的地毯，以类似于现在的连环画的形式再现了诺尔曼征服英格兰的故事。

指向这一结论，例如就像我们在理查德·费曼（Richard Feynman)① 以及许多其他科学家的论述中所发现的那样。

这个立场本身既没有排斥也没有接受任何东西。它只是引导我们不带偏见地研究初看起来似乎是不可理解的事情，看看是否能用已知的原因为它找到一个可能的解释。我们不能先验地预设或排除任何结论。

另外，神迹的概念作为上帝对兴衰无常的人类事物的直接干预，并不必然暗示超自然事件：对于一个信仰者来说，如果非常稀有的自然事件在“合适的时间”发生了，就很可能被认为是神迹，或者被怀疑为神迹。

有着可能关联的两个事件同时发生的概率并不高，但这种可能性是存在的。那些选择相信神圣眷顾的人会求助它来解释所发生的事件；那些不相信此说的人就会谈论不可能的偶然的环境。在这个不稳定的地带，今天和过去一样，给那些为所有无法理解的事情寻找超自然的起源，或者为未知的事件寻找原因的流行倾向留有很宽阔的余地：这就是巫术的王国。在知识（和智慧）为一方以及无知（和轻信）为另一方的中间地带，就会有“聪明的”和不诚实的人采取各种手段欺骗那些不成熟

① 费曼于1956年5月2日的一次关于科学与宗教关系的会议上说，从本质上讲，没有任何一个宗教命题不会冒迟早与科学发生冲突的风险，因为后者陈述的不是不变的真理，而是一个不断作出新的发现的过程。

的心灵。

科学文化与理性思维既可以解释过去认为是奇异事件的那类现象的真实本性，又可以揭开很多骗局。把神话故事从由于无知而导致的纯粹幻想的和错误的解释中剥离开来，可以把很多古老的神迹归结为虽然稀有但是自然的事件的范畴，这些事件过去不能解释，但现在可以。

让我们把欺骗和谎言也从这幅图画中去掉，但仍然有很多神秘事件没有直接的自然的解释，虽然我们将来有可能发现它。

在神迹、魔术以及非常事件中有大量文学的因素存在，这里我不想去讨论它。我想再次给自己提出的问题是：有关神迹的问题与科学和信仰之间是否相融的问题有关联吗？我的答案是没有，下面我将对此作出解释。

从科学的观点看，不能由已知的原因解释的事件包含着需要我们去探索的东西；科学研究可能会找到所需要的解释，也可能找不到；如果暂时没有找到，就继续研究。如果考虑到这一点，就没有必要说任何人只要选择信仰一个全能的上帝存在，也一定会相信这个上帝可能直接干预人类命运的兴衰沉浮。这并不意味着只要是我们不能理解的事情就一定是神迹。在光谱的另一端，那些相信上帝不存在的人也将认为作为超越自然律的事件的神迹是不可能的。这个断言也并非基于不可能性定理，或基于判决性实验，而不过是负信仰（negative faith）的一种表达，正如接受神迹是与正信仰携手并存一样。

科学能够揭穿骗局，并且对科学现在不能解释的东西划界，相信将来可以对它们作出解释，而不需要信仰的干预。如果有鸿沟的话，也不是存在于科学与信仰之间，而是存在于两种对立的“信仰”之间。

事实上，否定神迹并不一定意味着否定上帝，而只是否定了一位超越的、人格化的上帝。另外，如果你信仰一个内在的、非人格化的神圣存在，比如像斯宾诺莎那样，那么神迹是不可能的，因为它们与自然—神的概念相矛盾。如果上帝与自然秩序合一，怎么可能有超自然（super-natural）的或外在于自然的（extra-natural）事件存在？然而，是否接受一个内在的、非人格化的上帝这样的选择，恰恰发生在该推理之前，而非之后，即是否接受神迹的可能性乃是这个选择的后果。

我们也来简单地讨论一下这样一个事实，即经验自身在决定是否接受神迹的问题上并不是关键的因素。根据大卫·休谟（David Hume）的经验主义，一个事件总是以某种方式在过去发生的事实，并不能保证该事件在将来会以同样的方式继续发生。太阳每天早上升起的事实并不一定意味着它明天还会升起。

根据这些前提，任何事情都有可能发生，我们不清楚科学所处理的自然“规律”会发生什么。“神迹”被还原为不可解释的事件（因为它们与我们迄今为止从对周围世界的观察中所形成的期望不符），甚至研究它发生的原因也变成了没有多大意义的事情。

这样一个极端的立场——既完全消除了“神迹”的概念，同时也消除了这样一种“科学”的概念，即期望科学能够做比仅仅是记录和整理过去观察到的规则性更多的事情——将导致两个相反的后果。太阳早上升起的例子非常类似于中美洲人在与西班牙征服者（conquistadores）遭遇/冲突时所持有的宗教信念：他们也相信太阳每天升起并不意味着它明天会照样升起。为了让这样的事情重复发生，必须每天供奉人祭以取悦神祇［对阿兹特克人（Aztecs）来说，这个神祇是 Huitzilopochtli］。

很明显，极端的经验主义与对因果关联的彻底神圣化都导致了同样的结果，如果不是直接导致同样的悲剧性意义的话。

还有一种哲学—神学的立场，不仅相信神迹的存在，而且实际上把世界的每一个方面都看作永恒的神迹。从希腊哲学开始，如果神被认为是与存在（being）的概念同一，那么在每一时刻，任何实存（existing）的事物都是由它而来。如果更进一步，我们把上帝看作是人格和爱，则每一个瞬间都变成了神圣创造的行动：世界是被连续地创造出来的，从这方面来说，它本身就是一个持续的神迹。耶稣会士的成员、世界著名的天文学家、梵蒂冈天文台（Specola Vaticana）[①]的前任台长乔治·科因（George Coyne）的话[②]就表达了这种感情体验方式，而非有机整体的思想。

总结一下：我认为科学作为一种工具和方法，努力通过理性和实验的方法探索发生在我们周围和我们内心的事件，目的是在一种自洽的——如果它在发展的话——逻辑范式内为它找到一个解释。在这个意义上，它与信仰完全不能相容。

反之亦然，如果说任何事实都"必须"由这个范式来解释，或者相反，说事件可能以科学无法解释的方式发生，就都落入了信仰的领域。对于前一种情况，神秘事件首先和首要地被看作是骗局。如果没有发现骗局，那么就总是可以解释为它被隐藏得很好；如果的确没有骗局，那么该事件就不存在。这种"推理"从根本上说就是同义

① Specola是教皇天文台，最初由格里高利十三世（Gregory XIII）在19世纪建于梵蒂冈内，于20世纪迁往冈多菲堡（Castel Gandolfo），后又变成一个研究机构。现在它的第二大研究中心"梵蒂冈天文研究组"（VORG：The Vatican Observatory Research Group）位于亚利桑那州（Arizona）的图森市（Tucson）；它拥有一个现代化的高技术的天文望远镜（the Vatican Advanced Telescope，梵蒂冈高技术望远镜），放置于格拉姆山上（Mount Graham）。

② 我指的是新闻记者里卡多·齐亚伯格（Riccardo Chiaberge）采访乔治·科因与诺贝尔奖获得者阿尔诺·彭齐亚斯（Arno Penzias）中的一段话。

反复：因为某事是不可能的，所以它不存在。在进行任何分析之前，该判断就已作出，它是某种决定的结果。

对于后一种情况，一种信仰，对世界的直接的神圣干预的可能性，如我所说的，通过信仰而被接受下来；但这本身并不否认科学所研究的自然秩序的存在。而当信仰企图对自然和自然现象作出一般断言的时候，问题就出现了。如果我们沿着这条路走下去，我们最后得到的是相互冲突的结果，并且迟早会导致信仰主义方法的失败。

信仰的确与上帝、存在的意义以及人类的终极目的相关联。科学的确与世界及其无数的现象相关联。如果你不“愿意”接受世界是无意义的事实的混乱组合的观点，科学的目的就是寻找可以支撑现象的协调一致的逻辑结构。虽然，公平地说，假设有这样一个结构的存在已经超越了科学的维度。

教　义

教义，特别是天主教会的以及由教皇所宣扬的教义，往往是反宗教论证者典型的靶子。然而，我们将会看到，教条主义也出现在科学的世界里，更一般地说，它是经常被用来作为支持权力斗争的一种立场。

教义是信仰的条款；是如果你想成为一个特定的信仰家族一个特定的“教派”(church①）中的一员的话就“必须”相信的某种东西。那些不信的人，便是自外于该教派，在过去可能是相当危险的行为。

基督教会，特别是天主教会，由于对教义的各种争论和歧义的解释越来越多，已经制订了使启示的内容和意义正规化的教义。

对于信仰者来说，信仰的原始内容是明白易懂的，一切都可以在日常语言中表达；但随着时间的流逝，思想、反思的思想、哲学的反思、实际的困难以及历史事件等，所有这些——甚至从公元1世纪就开始了——都导致以这

① 该词的本意是“聚会”(assembly)，希腊语为 ἐκκλησία 。

种或那种方式重新解释或重新表达启示的内容，以及它的条件和范围。教会的每一次干预，通过一轮又一轮的会议，没完没了的激烈的争吵，往往最后都是同一个结论：重申信仰团体最开始的信仰，没有任何修正或新的阐释。对基督话语的每一次理性化或历史化的努力都一次又一次地被拒绝，这导致信仰的内容越来越形式化。这种形式化无论过去和现在都意味着在正统与异端之间划定一条相对明确的界限；正是这条界限将不同的信仰团体彼此区分开来。简言之，教义并不引入新的内容或新的解释，不过是正式确认已经存在的内容或解释而已。

很明显，每一次形式化，就像每一条法律条文一样，都带来某种立场的强化；它和人性中固有的弱点结合在一起，为将差异变为裂隙、将裂隙变为不可克服的壁垒提供了借口和机会。合法的、正式的（legal-formal）基本教义一般来说并不是宽容的，教派之间的差别与国家之间的差别在某些方面很相似。无论如何，它们正是通往信仰世界的内部动力。

我曾听到过一些教外的人以强烈争辩的口吻向我提出这样一个事实，即大多数天主教徒并不知道他们教派的全部教义，这无疑是真的。这是在辩论（包括政治辩论）中经常使用的一个技巧，目的是通过嘲笑那些信仰者甚至糊涂到不确切地知道自己信仰的东西究竟是什么，以此损害该信仰的声誉。我不想针对这种损害假想的对话者的信誉而不争论具体问题的做法做进一步的评论，但我想对教义的作用多说几句。我曾经提到过教义的“合法的”（legal）功能是对重新检视信仰内容——比如使它变得更理性化或更“人性化”——的努力的一种正式的回应。我要补充的一点是：懂得教义知识对任何人来说都不是得救的必要条件（当然这个条件也不是受洗）：那些有信仰的人知道自己所信仰的是什么，这一点古今皆然。同样的，要做一个守法的公民，你也没有必要知道你的国家的每一条法律条文，虽然这些条文对于确定公民共同生活的形式与界限非常重要。

现在让我们离开信仰世界的内在逻辑，来检视一下对教义的批评，这些批评是作为拒绝宗教的理由来使用的。我们很容易就注意到两个不同的且互不相容的进路：一个是针对教义的具体内容并对之作出评判；另一个是攻击对教义的接受这样一个事实本身。

考虑第一种情况，我曾经谈到过不同宗教之间的分歧（不同信仰之间的具体的信仰条文一般是不同的，特别是在不同的基督教派之间）。不过，我这里指的是从教外反对这个或那个特定的教义内容，并指责对方是“荒谬的”。部分理性主义者的论证属于这个范畴，但正如我在别的地方已经指出过的：这与科学毫不相干；教义的“荒谬”与“不可信”是从信仰是无意义的前提推论出来的，但这个前提本身并不是一个理性的陈述，而只不过是表达了另一种信仰而已。

反之亦然，我认为第二种批评，即教义的定义本身对于理性的存在物来说是一种不可接受的强制，与科学方法的关联性更强。科学不接受任何教义。然而，事情真的如此吗?

当然，从技术上说，情况是不同的。在科学的环境里，没有人会要求他人必须正式接受某一特定命题作为加入某一特定组织的前提条件。但是，我们在形成意见的过程中发现了与宗教教义等同的东西，对它们的反驳和质疑实际上是不可接受的，并可能会带来负面的效果，比如，对于胆敢如此做的人，会直接影响其职业生涯。

从宗教的观点讲，教义是不可“证明”的：它是信仰的内容。从科学的观点讲，“教义”是表现为或被认为是“真理”的东西，即使实际上它仅仅是意见而已：这里不需要有任何不可反驳的证据，因为它是“显而易见的”（对科学来说这是一个非常危险的概念），或者因为它的支持者的权威。这种情况非常类似于我在本书第六章谈到权威原则，以及在第三章谈到科学与意识形态时所讲的内容。我们在那些章节所做的思考与这里的论点有密切的关联。

我仍然从我本人最熟悉的物理学史里举例。在19世纪，随着现代地理科学的建立，人们开始争论地球的年龄问题。撇开《圣经》的计算不谈，苏格兰律师与地质学家查尔斯·莱尔（Charles Lyell）爵士分析了改变地表面貌的物理过程。他得出结论说，这些过程要有可见的效果，需要有比犹太经文里说的几千年长得多的时间。莱尔在他初版于1830年的《地质学原理》里详细说明了他的观点；该书获得了巨大成功，到作者去世后的1875年，已被重印了12次之多。达尔文非常崇拜莱尔，《地质学原理》就是达尔文乘贝格尔号做著名的环球航行时随身携带的为数不多的书中的一本。莱尔的观点属于“均变论”（uniformitarianism）① 与“灾变论”（catastrophism②）相对的一种，根据这种观点，缓慢的、渐进的力与过程从古老的蛮荒年代起一直在地球上发挥作用。地球年龄因此是无限的，并且地质学也没有发现影响地球演化的全球性灾难的痕迹（比如大洪水）。

莱尔的著作在科学界引起了激烈争论，地质学家是这场争论的主角，这场争论还与达尔文的进化论所引起的争论相呼应。直到有一天，物理学突然介入了这场争论，其代表人物是当时年轻的、前途无量的威廉·汤姆孙（William Thomson），即后来的开尔文勋爵（Lord Kelvin）③。

① 该理论的现代版本在18世纪苏格兰的詹姆斯·休顿（James Hutton）以及后来的约翰·普雷菲尔（John Playfair）的思想中得到表达。

② 这两个英文词汇 uniformitarianism 和 catastrophism 是在19世纪由威廉·惠（William Whewell）尔所引入。

③ 由于其杰出的科学成就而于1892年被授予此称号。

1852 年，已经是热力学领域里公认的权威的年仅 28 岁的汤姆孙，提出了后来被称为热力学第二定律的最早的表述。简单地说，该定律陈述了热能只能从热的物体自发地传递到冷的物体，而不会发生相反的情况。早在 6 年前的 1846 年，汤姆孙已经应用热传导的原理来解决地球年龄的问题了①。在他 1862 年发表的论文《论地球的长期冷却》中又系统地阐述了该问题。其论证简单而无可怀疑：地球比它沉浸于其中的环境的温度高，因此它只能逐步冷却。如果往回追溯，我们得到的是一个越来越热的星球，因此我们可以假设地球有一个初始状态，其温度高达几千度，足以熔化岩石。那么，地球从初始态到现在总共经历了多长时间？如果我们对地球的大小、质量及其构造进行分析，我们就可以估算出地球从几千度的高温冷却到现在的温度需要多长时间。汤姆孙计算的结果是地球的年龄在 100, 000, 000—200, 000, 000 年之间。这当然比依据《圣经》推算的 5000—6000 年要长得多，但也绝非莱尔所说的无限长；更重要的是，这个时间太短，以至于达尔文提出的进化机制和自然选择无法发挥作用。

几年之内，地质学家们迫于物理学的权威和论证，开

① 他来到格拉斯哥大学（Glasgow University）时，在他公开发表的博士学位论文中探讨了这个问题，但我们没有相关的原始文件，因为论文刚宣读完就被立即烧毁了。

始抛弃自己的观点。同时，其他物理学家追随汤姆孙，将他的分析更加精细化，依次将地球年龄估算为500,000,00年、150,000,00年和100，00000年。地质学家们努力地重新检验他们的判据，试图将它们与热力学家的估算调和起来，直到19世纪末，实际上已经不可能对汤姆孙方法的正确性提出任何疑问了。在实践中，地球如此“短”的年龄曾经是科学的教条。又重新将事情扳回正确轨道的依然是物理学，那是1903年自然放射现象的发现。该现象被证明是一个在地球内部扩散的热源，它能够在一个相当长的时间——要比那时所假设的时间长得多——的范围内补偿由于辐射所带来的热量损失。然而，直到1904年恩斯特·卢瑟福（Ernest Rutherford）① 在一次公开的学术会议上发表他的关于放射性岩石对地球年龄估算的影响的结论时，他仍然感到十分尴尬，因为那时已年届八旬的开尔文勋爵也出席了此次会议。地质学家们在经历了由热力学带来的迷狂之后，也需要几年的时间才能回到由莱尔所确定的方法论的框架里。我们现在知道地球的年龄大约为43亿年。

还有很多与地球年龄问题相类似的事件，有些是相对无害的，另一些却并非如此，比如人工气胸事件。众所周知，过去的传统医学（坦率地讲，现在也依然如此），几

① 新西兰物理学家，在放射性与原子结构的研究领域作出了重大贡献。

乎都是以下两者的混合体：一方面是多少有些效果的治疗经验，另一方面是毫无根据的信念，这些信念最多也是无害的，但更多却是有害的。如果追溯到文艺复兴时期，那时的医生认为他们可以用一些稀有的石头（或碾成粉末）治疗各种病症，路德（Luther）① 也写道：

> 考虑到上帝是如何把如此精巧的物理学置入这些低贱的垃圾物质中，着实令人惊叹；我们凭经验知道猪粪可以止血；马粪对胸膜炎有疗效；人的粪便可以使伤口痊愈并对黑斑疹有效果；驴粪可以用来治疗重感冒，而牛粪与枯玫瑰混合可以治疗癫痫，以及小儿惊厥……

类似的缺乏任何疗效证据的信念，在没有受到任何质疑的情况下持续流行了几个世纪（猪或野猪的粪便从古代开

---

① 马丁·路德：《桌边谈话》(*Colloquia Mensalia*) 第 92 段。*Colloquia Mensalia*（字面意义是“桌边谈话”）是路德的言论集，由其追随者尤其是安东·劳特巴赫（Anton Lauterbach）和约翰·奥瑞法波（Johan Aurifaber）（或德文名歌德施密特 Goldschmidt）所记录整理。可以在关于路德的好几个网站上查到全文，比如：1）http://www.reformed.org/master/index.html?mainframe=/documents/Table_talk/table_talk.html 2）http://www.godrules.net/library/luther/NEWluther_c2.htm。

始就被认为可以治疗好几种疾病①)。

19世纪的医学已经远远脱离了这种原始状况，并建立在牢固的科学基础之上。面对古老的结核病的灾难，特别是肺结核病，一名意大利医生卡洛·弗兰尼尼（Carlo Forlanini)② 在1882年发表的论文中提出了一种很有吸引力但毫无根据的观点。根据这种观点，肺结核病是由于肺部的过度紧张引起的，或至少与它有关联，这是由人类生理结构导致的被迫长时间的膨胀和松弛。治疗方法是“停止”生病的肺的活动以使它得到休息（试着把这个理论用于心脏看看……）。在实践中，这种方法是在肺周围的两个胸膜之间注入空气③，使它们相互分离，从而导致肺的机械功能崩溃，这就是人工气胸。这实际上是通过强行终止患者对肺的使用，以换取充足的时间使之痊愈的一

① 这是在一张古老的药物清单上发现的，它被记载在一本名为 *Le medicine de gli animali, raccolte da Alessandro Venturini di Tendola et accresciuti di nuovi Secreti da Francesco Pignoccati Romano*（《动物治疗：由腾多拉的阿列桑德罗·文图瑞尼搜集，并由罗马的弗朗西斯科·皮格诺卡迪的新秘方所丰富》）的书里，出版于1670年以后。该书于2004年5月24日被《兽医网络杂志》（翁布里亚和马尔科家畜实验研究所，佩鲁吉亚）所引用。其网站地址为：http://www.spvet.it/arretrati%Cnumero_24%Cmaiale.html。

② 米兰的利纳特机场（The airport of Milan Linate）就是用他的弟弟的名字命名的，其弟是航空学领域的先驱。

③ 胸膜由两层膜构成，一个连着胸壁，一个连着肺，它们由胸肌和隔膜的动作控制，呼吸时一个滑动到另一个的上部。

种外科手术。有趣的是，弗兰尼尼的论文发表的年份，也正是罗伯特·科赫（Robert Koch）把一种后来被命名为芽孢杆菌的物质当作肺结核病的真实原因的那一年。问题在于：在科赫发现了芽孢杆菌之后，一直要等到 1946 年发现了链霉素，人类才将抗生素用于治疗肺结核病。而在这期间，弗兰尼尼的观点逐步站稳了脚跟，并被国际医学界特别是外科医生所接受，直到取得支配地位。有数以万计的人工气胸手术在世界范围内实施，这种状况一直持续到 20 世纪 50 年代。在简陋的手术方法（用针管在两个胸膜之间注入空气）之外，又加上了更加外科手术式的治疗，包括切除胸腔以使肺获得“自由”。几十年来有关于这种手术的数千篇科学论文发表，但有趣的是，这些论文的作者几乎都只关注手术的技术方面，而从不对手术的治疗效果作出恰当的分析。尽管如此，数据和图表还是为跟踪手术效果提供了广泛的统计学基础。不过科学共同体中似乎没有人考虑过验证这个结论。人工气胸的治疗效果是一个教义，它的有效性是“显而易见”的，以至于不需要检验。这种状况几乎一直持续到 20 世纪中叶，此后更加有效的治疗手段也使得对治疗效果的检验变得更加容易。结果发现，外科手术的“治疗”根本没有导致任何真正的康复，反而给患者带来巨大的痛苦，病人要忍受这种痛苦，而且实际上是在意识完全清醒的情况下自愿忍受，因为他们无条件地相信医学的权威性。

科学教条主义的最理想的环境是学术上的不严谨（更不用考虑在通俗化的情况下），这尤其表现在生物学领域里。例子不胜枚举：在《科学》杂志（*Le Scienze*，即《科学美国人》杂志的意大利版）第487期（2009年3月）有一篇关于恩克拉多斯星（Enceladus）的论文。这是木星的一颗卫星，被厚厚的冰层覆盖，在其南极区域发现有喷射出的蒸汽、冰和甲烷粒子。这篇论文十分有趣，但除了正文之外，《科学》杂志在一个边框里对该文主要论点做了简单总结。其中一段（第48页）的标题是“恩克拉多斯上有生命吗?”接着写道：“在这颗卫星上具备了生命形式存在的三个基本条件：液态水、有机化合物，以及能量。但是，这些有利条件是否存在了足够长的时间以允许生命实际上在这颗星球上诞生呢？事实上，我们确实不知道究竟需要多长时间。”①《科学美国人》上的原始论文引用了几位科学家的有些模棱两可的话，比如“液态水和能源的存在增加了生命出现的机会”等。一般来说，真正的科学论文需要谨慎的态度，而意大利《科学》杂志的评论传递给读者的信息是简单而直接的：只要有液态水、有机化合物②和能量的地方，迟早会有生命诞生；这只是个时间问题。这个论断是“显而易见”的，

① 这段话是英译者从意大利文译出。

② 一般是碳、氧、氢的化合物。

它不需要被证实。事实上，它缺乏科学的基础，因而只具有教条的意义：你不能不相信它，如果你想跻身为受过科学教育的群体中的一员的话。

我已经在“经验与半经验的科学”一章中谈到了大量的经济学的教义，这里我只想强调，这种类型教义带有最明显的意识形态特征，包含所有的诅咒、异端以及革出教门的行为。很多经济学的公理式的真理“必须”被相信，它无须任何验证，不相信它们就会遭到惩罚，被社会主流的思想群体所排斥。

总而言之，除了我上面已经用大量例子说明的，在信仰的内容与其他类型的教义的正式定义之间的不同外，我认为还有一种人类行为，它试图通过承认某一特殊群体先验假定为真的一组命题，象征性地表达它对该群体的归属。在这方面科学共同体也不例外。当然，科学的教义迟早会被事实证明为正确的某些“异端”所推翻：在某种意义上，这恰恰是科学进步的方式。然而，这注定是一个充满痛苦的过程，任何人只要发现自己在不恰当的时间站在“异端”的一边而不是教义的一边，他就能够深刻体会到这一点。人的行为的这一特征本身也是科学分析的对象，但我认为它不能用来证明信仰与科学之间的差异，尤其是证明两者的不兼容。

宗 教 狂 热

宗教狂热以及在各种各样的“高贵”的借口下一部分人对另一部分人施加的暴力，是人类历史上最令人震惊的部分。然而，根据某些辩论家的理论，似乎这些行为全是信仰者，或至少是某些信仰者的专属物，一旦从宗教的偏执中解脱出来，它们就会消失。无论我们以多么简单化的方式看待人类事务，都很容易看出这种断言是完全没有根据的。然而，不幸的是，对于这一点，无论是谁，也无论生活在世界上的哪个角落，都可以举出大量的例子来；企图通过把问题推卸给教会的方式来消除它是徒劳的。历史就在那儿，对每个人都清晰可见，下面笔者不过是从中撷取一些片段以管窥全豹。

1099 年 7 月 15 日，十字军攻陷耶路撒冷，并屠杀城里的穆斯林和犹太人（基督徒在数月前围城刚开始时已撤出城外）。伴随勒帕伊的阿德赫马（Le Puy，Adhemar）主教共同目睹了这次事件的阿基勒斯的雷蒙德牧师（Cleric Raymond d'Agiles），在他的《法国历史上谁攻占了耶路撒冷》（*Historia Francorum qui ceperunt Iherusalem*）一书中写道：

> ……看到了令人兴奋的景象。我们的士兵【……】有的割下敌人的头颅；有的用弓箭射击，敌人中箭从城楼上应声跌下；还有的把他们扔进火里长时间地折磨他们。城里的街道上满是堆积的头颅和残缺的四肢。从人和马的尸体上踩踏而过【……】士兵在所罗门的庙宇和门廊里骑马前行，血泊淹没了膝盖和辔头【……】城里到处是尸体和血。①

在当时的其他编年史家的文字里也可以发现类似的记载，成千上万的人以令人毛骨悚然的方式惨遭屠戮。十字军东征，特别是攻陷耶路撒冷，经常被人用作攻击基督教的口实。

1307 年 6 月，在意大利北部的小镇比耶拉（Biella），修道士多尔希诺（friar Dolcino）（实际上并非修道士）因异端罪被判处死刑。在遭受酷刑折磨后，他被绑在火刑柱上活活烧死。乌姆贝托·厄科（Umberto Eco）在他的书《玫瑰之名》中描述了整个过程。这是一本小说，但其中的细节却来自当时的编年史。其惨烈程度再一次令人毛骨

① 英语译文来自如下网站：http://www.fordham.edu/halsall/source/raymond-cde.html#jerusalem3。

悚然。

公元 16 世纪。1519 年埃尔南·科尔特斯（Hernan Cortes）踏上中美洲大陆，从而开启了西班牙首先对墨西哥，继而对整个中美洲和南美洲的征服旅程。征服行动最初是由对黄金的贪婪所驱使，但同时伴随着对当地原住民的基督教化，征服的每一步都充满着宗教意味。

让我们看一看比科尔特斯晚几年的西班牙多明我会（Dominican）主教巴托洛梅·德拉斯·卡萨斯（Bartolome de Las Casas）在其出版于 1552 年的《西印度群岛灭亡简史》（*Brevisima relacion de la destruycion de las Indias*）中的记载：

> 并且踩躏他们的城市和村庄，不分男女老幼，连有身孕的妇女都不肯放过，他们剖开孕妇的腹部，把他们活生生地撕成碎片。他们相互打赌，看谁能够一剑致命，或把人劈成两半；或看谁能以最快的速度把人的脑袋一剑削掉；或以最快的速度刺入人的腹部并把人的肠子取出。他们从母亲的怀抱里夺走正在吃奶的婴儿，将婴儿的头部狠狠地摔在石头上；有的婴儿被扔进河里淹死……有的婴儿则和他们的母亲一起被用剑残忍地刺死……他们竖起高高的巨大的绞架，每个绞架吊着 13 个人，以荣耀和虔敬（这是他们使用的侮辱性的言词）我们的造物主和他的十二个使徒，

> 然后他们在绞架下面放火，一直把吊着的人烧成灰烬……有身份的人和上层社会的贵族常用这种方法被处死；他们搭起烧烤架，用木叉撑住，在下面生起小火，听任这些悲惨的受害者高声尖叫，慢慢地忍受折磨至死。我是这些以及无数的其他残忍暴行的目击者，……这些“西班牙人”是否应得魔鬼之名？下面两件事情中究竟哪一件使人更合意或更称心呢，即究竟是那些“印第安人”应该被送到魔鬼处忍受折磨，还是那些“西班牙人”？这仍然是一个问题。①

人们不能不对如此暴行深感震惊，即使中美洲人自己实施的“人祭”——将还在跳动的心脏从胸腔里取出以及将囚犯活活剥皮——的残忍恐怖，也不能用来为这些西班牙人开脱罪责。

公元 886 年，教皇尼古拉斯一世（Pope Nicholas I）宣告：酷刑无论对于世俗法律还是神圣法律都是不可接受的，因为悔罪必须是自愿的。1252 年，英诺森四世（Innocent IV）允准可以使用强制手段以获得暴力犯罪嫌疑人的忏悔，但加上了严格的限制，并特别强调认罪只有在自愿而非强迫的情况下（sponte non vi）才有效。自那以后，

① 英语译文来自如下网站：http://www.gutenberg.org/cache/epub/20321/pg20321.html。

酷刑开始用于宗教裁判所对异端的审讯之中，并根据约翰二十二世（John XXII）的决定，亦用于巫师和术士。

1692 年，马萨诸塞州的萨勒姆镇（Salem）在发生了一连串的奇异事件之后，特别法庭认定 20 人——其中包括男人、妇女和小孩——犯有行巫术罪，他们被判处监禁和死刑，其中有四名被告在监禁中死亡。

人类历史上充斥着不胜其数的诸如此类的暴行，这些常常被人用作拒绝天主教乃至整个基督教甚至所有宗教的理由（也有新教的宗教裁判所，对所谓异端的最后判决也是在火刑柱上烧死），把它们看作是人类野蛮天性的历史性大爆发。

因此，我将再撷取几个历史事件来继续浏览这一恐怖的画面，这次我把时间仅仅聚焦在人类历史的最后一个千年内。

14 世纪，蒙古领袖铁木尔汗（Tamerlane）因在自己征服和掠夺的好几个城市用人骨建金字塔而变得臭名昭著；很明显，在巴格达就有 90，000 座这样的人骨金字塔。

20 世纪，纳粹政权为了达到“纯洁种族”的目的，“科学的”计划并实施了对大约六百万犹太人的种族灭绝式的大屠杀，一同被屠杀的还有数量大致相同的不同国籍的斯拉夫人［他们被划为“次人”（sub-humans）①］，成

① Untermenschen.

千上万的吉普赛人，以及持不同政见者、自由石工、耶和华见证人、五旬节派、残障人士、同性恋，等等①。另一方面，在20世纪30年代早期，斯大林政权实行的对土地的强制集体化以及反对富农（Kulaks②）的运动，导致数百万人在进步与平等的名义下丧生。

1975年4月17日，即第二次世界大战结束后大约三十年，由波尔布特（Pol Pot）领导的红色高棉（Khmer Rouge）攫取了柬埔寨政权，在全国强制推行一种特殊统治。它的基本的意识形态前提是：迄今为止的社会和人民都是邪恶堕落和不可救药的，因此必须从头开始，从零出发，去建设一个未来的新的民主柬埔寨。这种回到过去的原始状态的做法包括强制抛弃城市和工业化，回到乡村，取消货币和司法制度等。新型国家的建立还要求“塑造出”新的、完全集体化的人民。任何旧文化的痕迹都必须被连根拔除，包括对文化承载者肉体上的消灭，这一运动是从中学教师开始的。

这个政权“仅仅”持续到1979年的1月9日，便被越南的军事干预和它自身内部的分裂所推翻。多处不同来源的资料显示，这期间共造成大约150万到300多万柬埔

① 历史学家们在争论确切的数字究竟是多少，也有试图为他们开脱的，但对于我们来说，这个数字究竟多于100万还是少于100万，没有任何实质性差别。

② 富裕的农民（Affluent peasants）。

寨人丧生。如果数字上不要求十分“精确”的话，我们可以说大约有 1/3 的柬埔寨人在红色高棉统治时期死亡，他们死于匮乏和饥荒，或更恐怖的，死于直接的野蛮屠杀。而所有这些都是在试图将柬埔寨人民从奴役、不公、迷信、压迫等苦难中“解放”出来的意识形态的名义下进行的。[①]

我上面所提到的这些恐怖怪物都是极权体制下造成的，那么，是不是民主体制下就可以幸免于此呢？

1945 年 2 月 13 日的深夜，英国皇家空军大约出动了 700 架轰炸机，对德国中部城市德累斯顿（Dresden）实施一波又一波的地毯式轰炸，当时该地除了本市居民外，还有成千上万从东部地区涌来在此避难的难民，当时的德意志国防军在苏联军队的压力下已从东部地区撤退。由于美国空军的救援，轰炸于 2 月 14 日停止。据说轰炸在该市上空造成了“火暴”（fire-storm）[②] 效应，其威力足以与一颗原子弹相比。现在已经不可能知道确切的伤亡数字

① 关于该事件的一个卑劣的但又是很常见的地方是，在其政权垮台后，波尔布特（Pol Pot）还继续统治着这个国家的相当大一片领土，并且在一直帮助他的美国的支持下，领导着对于新的前越南政权（new pro-vietnamese）的游击战争；这意味着这个政权对柬埔寨人民犯下的残酷罪行几年来一直被严密封锁着。

② 由磷爆炸引起的第一轮大火产生一股向上的热浪，火焰的底部有一股越来越强烈的冷气流。气浪猛烈到把所有的人和物都卷入到火焰里。大火凶猛地蔓延，密度和威力都急剧增加，温度达到 1000℃以上。

了，估算在35,000—130,000人之间，伤亡者全都是无辜平民。

1945年8月6日，美国轰炸机飞行员在日本的那个著名的悲剧城市广岛投掷了历史上的第一颗原子弹①。当场死亡人数估计在100,000—200,000人之间。三天后的8月9日，在目睹了原子弹的巨大威力，并且日本政府受到震慑并已经投降的情况下，美国政府又作出了将“那”（“the”）②第二颗原子弹投到长崎③的决定，这次当场死亡的人数估计在70,000人左右。

如果有必要提醒每一个人战争的可怕的野蛮性与荒谬性的话，无论在什么样的口号、旗帜、环境以及历史背景下，那么我上面提到过的这些历史事实都可引以为证。不幸的是，这种提醒现在依然十分必要，因为即使有了这些前车之鉴，战争仍然拥有它的支持者与辩护者；这甚至使我对人类理性根深蒂固的“信仰”——用一个在本书中出现频率很高的词来说——发生了动摇。

但是，让我们暂时离开那些有组织的军事的或准军事形式的大屠杀，而聚焦于那些被认为犯了罪的人们所受的

① 这是第一次投入实际使用。第一次原子弹爆炸是一次试爆，1945年7月16日在其发射地新墨西哥的阿拉莫果尔多（Alamogordo）。

② 用“the”因为它是那时仅剩下的一颗。

③ 这次轰炸的目标本来计划是小仓市（Kokura），但由于执行过程中出现了一些问题，导致飞行员飞向第二目标，即长崎市（Nagasaki）。

待遇问题吧。

但丁在他的“地狱”（Inferno）① 的第八圈的第三垄沟（bolgia）里，描述了买卖圣职者（Simoniacs）所受的酷刑。他们的脑袋被卡进岩石的洞里，脚和腿伸在外面，被烈焰烧烤。除了其优雅的诗篇外，读者还可能为诗人如此丰富的想象力而惊叹：竟能想象出如此恐怖而煽情的酷刑。实际上，至少对想象出这个场景来说，但丁根本不需要太为难自己，就在那个时代的“弗洛伦萨条文（Florentine statutes）”② 中，规定对被判死刑的谋杀者的惩罚，首先（当然是活着的）是把头塞进一个洞里，然后在洞里填满土。

让我们转向四个世纪后的英格兰。我们都知道伊萨克·牛顿（Isaac Newton）是一个著名的科学家，但在中年时期他也承担了许多学术研究之外的任务。1696 年，他被委任为伦敦皇家制币厂的总监，并在 1699 年担任了厂长。他以极大的热情投入工作，除了倡导货币改革之外，他还致力于打击制造伪币犯罪。1699 年，他成功地锁定了一个潜伏很深的嫌疑人：威廉·察罗纳（William Chaloner）。他有钱，有地位，还有很多耀眼的社会头衔。察罗纳被逮捕，并以叛国罪被判处死刑。他被处以绞刑，

① 诗的第十九章，已故教皇尼古拉斯三世（Nicholas III）的故事。

② 公元 13—14 世纪。

并被五马分尸：我们今天可能会认为这是恐怖电影里的情节，但这是合法的判决，并且酷刑是在一个当时很有声望的主权国家实施的，而它现在已跻身于世界最文明国家的行列。

我不想再纠缠于上个千年的这些历史片段了。我们只列举了由不同的政府、国家、机构、政权对于群体或个人野蛮实施暴力的极少数的例子。施暴者总有很多体面的原因和借口为自己开脱：爱（!）、自由、公正、民主、反对野蛮（!）、进步等等，恐怖的刑罚被合法的体制神圣化了，它不仅作为一种威慑，而且也将惩罚作为一种具有象征意义的报复来警诫大众。那些犯下煽动分裂罪的人被分尸，那些用金属制造伪币的人被用火烧化，如同金属在伪币制造者的坩埚里融化。事实上，高贵的意图总是与报复的欲望相伴随（我认为今天仍然如此），这是人类这个物种的天性，通过对昔日的冒犯者施以暴力来驱除自己的恐惧。

客观公正的分析表明，无论在何种情况下，就历史记载的规模和方式来看，使用武力都没有任何理性的基础，它不仅达不到所期望的效果，反而会激起对方同样的暴力回应，最后的结果是对谁都没有任何好处。

我上面所列举的这些事实，以及不可胜数的其他类似的事例，是否可以用来作为反对天主教的严肃的“论据”呢？或者用来作为反对任何宗教的论据？或者模糊的、

“科学的”思维倾向并不必然导致这样的结论：人类天性中有某种东西驱使他们对自己的同类使用暴力，并且根据不同的情况，用宗教的、哲学的、公民的，甚至“科学的”等多种多样的借口精心伪装起来。

请注意这不仅仅是弱肉强食的问题。这种情况在动物中经常发生，在与同类其他成员的争斗中使用武力具有某种“理性”的结果，因为它指向一个十分明显的目的（在群体中的优势地位，繁殖及享用食物的优先权等），并且目的与手段成正比关系。我并非这方面的专家，但是我认为在动物王国里，并没有任何与人类对其同类的残忍和虐待相类似的东西存在。

当然，怀疑论者仍然可以争辩说：一个人格化的上帝怎么会创造出具有如此特征和如此缺陷的存在物。这个问题当然并非无足轻重，但我认为它绝不是科学的。我们面临着一个与人类思想一样古老的问题，它在每一个历史时期，在世界的每一个地方，都占据着哲学家、神学家以及每一个普通人的心灵。很明显，由信仰给出的答案只能是信仰的。

在印度传统，特别是佛教徒的传统中，罪恶存在于世界的多样性和易变性之中，因此得救在于把自己从世界隔离出来。由犹太传统——如果我们可以这样称呼它的话——给出的答案可以在“约伯记”里找到。基督教的答案是上帝自己化身为人来到人间，成为人类的暴力和不公的牺牲品。

科学关于恶的存在及其本性的答案是什么呢？该问题不存在？这不能作为一个科学的结论打动我。如果答案不是这样，那么请知道答案的人举手，让我们一起来科学地讨论这个问题。

教权主义与反教权主义

在宗教组织与其他个人及社会团体之间发生冲突的最普遍的历史形式是教权主义与反教权主义之争。从理论上说，这个主题与科学与信仰之间的关系和兼容问题无关。但从现实层面讲，至少从文艺复兴运动以来，这种冲突在西方采取了一种意识形态的形式，它建立起一种世俗主义以对抗教会组织，一边是以“理性”的名义，另一边是以信仰的名义。因此，让我们把眼光从当代或近当代移开，采取一种更宽广的视野，以抓住问题的规律性和一般的方面。

公元前 14 世纪，埃及第十八王朝的法老阿蒙霍特普四世（Amenhotep Ⅳ）① 被人说服相信神庙与祭祀机构的多样化是有害的。他相信只有一位真正的神祇，就是太阳所代表的太阳神阿托恩（Aten）。因此他宣布：整个埃及只能崇拜太阳神阿托恩，并在沙漠中的阿马尔那（Amarna，现地名）建立新的首都，下令所有旧的神庙都

---

① 或者阿蒙诺菲斯四世（Amenophis Ⅳ）。

必须改宗信仰阿托恩神。这种做法使这位后来改名为阿肯那吞（Akhenaten）的法老与传统的神职人员的强大势力发生了激烈冲突，后者的中心位于卡纳克（Karnak）的太阳神阿蒙（Amun）神庙。神职人员地位的重要性——在当时甚至可以影响到法老王位的继承——也随着卡纳克神庙的不动产一起增长，并且一直受到当时复杂的奉献和祭祀制度的支持。阿肯那吞关闭了卡纳克神庙，禁止动物献祭以及其他与死亡相关的烦琐仪式，禁止偶像崇拜，甚至将太阳神阿蒙的名字从石碑上涂抹掉。阿肯那吞的王国一直与近邻和睦相处，其统治持续了 16—17 年的时间。其后是一段混乱和不稳定的时期，有三到四个前后相继的短命国王，其中有一个特别有名的法老叫图坦卡蒙（Tutankhamun，在非常年轻的时候就去世了）。在他的统治下，神职人员开始恢复对王国事物的控制权，并最终扶持霍伦海布（Horemheb）登上了法老的王座；霍伦海布曾经是阿肯那吞手下的一名军事首领，继承法老王位后，他继续致力于恢复旧的正统的宗教信仰，重建卡纳克神庙，更重要的是，他恢复了神职人员的权力。阿肯那吞的改革被葬送了，他的名字和肖像也被毁坏。①

我们再回到公元 8 世纪时的日本，即日本历史上的所

① 当然也没有被毁灭干净：他的一些雕像和浅浮雕，包括提到他的一些象形文字还一直保存至今。

谓奈良[1]时代（Nara period）。日本天皇积极推动佛教在日本的传播，从而极大地刺激了日本僧侣数量的增长，僧侣的权势也日益强大。以至于一个名叫 Dokyo 的日本僧侣，借助于他对圣德皇后（Empress Shotoku）的影响力，觊觎皇后并想自己做天皇，这一切首先在贵族阶层，继而在皇室内部激起了越来越强烈的反应，这导致日本后来削减僧侣的数量和权力，并在总体上削弱了佛教势力。

大约在公元 540 年，圣本尼迪克特（Benedict）写了他著名的《教规》，在祈祷和做工（ora et labora）的原则基础上，兴起了西方修道院制度。修道院迅速遍布整个欧洲，僧侣们居住在沙漠与蛮荒地带，耕种并开垦土地。古代文化遗产中很重要的部分在经文（scriptoria）中得到恢复并代代相传。同时，受惠于越来越多的遗产，寺院机构的捐赠在规模和数量上都不断增长。到了大约公元 1000 年，在欧洲的寺院所拥有的土地已达到惊人的规模。在中世纪社会的政治和经济权力舞台上，教会财产扮演了十分重要的角色，有时甚至起到决定性的作用。

几个世纪后，在意大利，随着古代政权走向没落，掌握在教会机构手中的可耕种土地占总面积的比例从 15% 增加到 40%以上，教会组织或机构所控制的国债比例达

① 当时的日本首都。

到30%，有时甚至高达50%。[1] 毫不奇怪，新兴的中产阶级将神职人员视为贵族阶层（垄断土地和国家的阶层），并且把他们当作是通往进步之路上必须清除的障碍。

在苏维埃社会的复杂体制内，一方面是要职人员（nomenklatura），另一方面是官僚阶层（apparatchiks），他们都扮演着各自特定的角色。后者实际上是苏联共产党的各级官员，而前者则是指由党任命、在社会和经济生活中占据某种重要位置的那些人的总称。所有这些人，无论他们自己是否真的相信，却有权评判别人的行为是否符合他们生活于其中的以国家体制为基础的官方教义。他们宣称为了进步与平等的伟大目标，并把自己看作是劳动阶级的工具。实际上他们享受着凌驾于其他人之上的优越地位，其中绝大多数与国家的理念相冲突。随着苏联共产党政权的倒台，很多前共产党官僚阶层以及要职人员利用手中已经积累起来的权力，直接攫取了国家最上层的位置（就像在几个前苏维埃共和国中发生的那样），或者掌控了在某种意义上已经变为新的自由市场体制的重要的经济部门。

在这种背景下，我上面所列举的几种情况有何意义呢？这里我们再一次看到，动机、思想体系以及观念作为人类群体行为的内在动力，可以用来服务于对利益和显赫

① 《意大利编年史》第九卷，艾诺迪亚出版社1986年版。

地位的追求。工会、政党、教会、协会、学术团体等，都表现出十分相似的内部动力。这种现象本身微不足道，但这并不意味着诸如保护劳工权利、建立一个公民共同生活的民主模式、追求救赎、思考终极目的、推广体育运动、传播科学文化等这一类的活动就是毫无价值和缺乏意义的。

激起对某个机构的统治地位的反抗的历史原因是可以理解的，至少在它重新建立起一个与被毁坏的结构相类似的结构之前，这种反应似乎也是合法的。如果我们把教权主义定义为对某一机构的顺服，那么反教权主义可以看作是对它的反抗，只要注意到这样一个事实，即这些名称可以被应用到看起来似乎很不相同的情况，而不一定特指各教派团体的“观念方面的原因”（ideal reasons）。

在同一个社会的不同群体之间的冲突往往是十分激烈的，它们具有社会骚乱的特征，而宣泄仇恨的方式在历史上也是惊人的相似，甚至在背景和时代都相距遥远或彼此完全不同的情况下。

1879（8?）年2月7日，教皇庇护九世（Pius IX）去世；他是亲眼看见教会的俗世权力走向终结的教皇，而且八年来一直把自己看作是意大利国家的囚犯。他的遗体安葬于梵蒂冈，在1881年7月13日的深夜，根据死者遗愿，他的遗体被掘出，以迁往圣劳伦斯（St Lawrence）的长方形大教堂（Basilica）里。迁徙遗体的夜晚做到尽可能的保密，以避免教权主义者与反教权主义者之间发生示威和冲突。然而，消息还是不胫而走，骚乱也确实发生了。特别是当经过圣天使桥（Pont Sant’Angelo）的时候，反教权主义者试图接近棺木，明显蓄意抢走庇护九世的遗体并扔进河里。我不知道他们中有多少人能够意识到，一旦他们这样做了，他们不过是又一次重复了1000年前对教皇福尔摩苏斯（Pope Formosus）遗体所做的事情。那是发生在罗马天主教内部的一次非常激烈的教派冲突，其采取的方式也很极端。公元897年，福尔摩苏斯死后一年，另一位教皇斯蒂芬六世（Stephen VI）将福尔摩苏斯的遗体挖掘出来审判，未经宣判，便将其遗体扔进了台伯河（Tiber）里（遗体后来被一位热心的僧侣打捞起来保存，在斯蒂芬六世死后，被重新安葬在圣彼得大教堂里）。在那个动乱的年代，两个派别之所以发生冲突，因为一方是卡洛林王朝（Carolingians）和日耳曼党（Germanic party）的支持者，而另一方是伦巴德人（Longobard）的首领斯波莱特公爵（Duke of Spoleto）的支持者。冲突在几个大的罗马望族及其支持者之间的对抗中达到顶点，今天为争夺教皇宝座而发生的斗争大概与此类似。

向尸体倾泻怒火的恐怖行为在教权主义者与反教权主义者之间，或教权主义者内部相互对立的派别之间冲突的历史上一再发生。天主教占绝对统治地位的西班牙，是在

1936—1939年的内战期间对摩尔人（Moors）的缓慢的“再征服”（Reconquista）中建立起来的国家，这导致了好几起暴行。在由欧洲法西斯支持的弗兰克（Franco）的军队打败共和国的军队的过程中，在巴塞罗那发生了臭名昭著的暴行：几具修女的木乃伊被从墓中掘出、展示，并被亵渎。

同样的，大约150年前，在曾经是罗马教皇的保护者的法国，雅各宾党人（Jacobins）除了从石碑上凿掉戴皇冠者的头颅外，还从墓中挖掘和毁坏尸体，同样的羞辱也加给了那些神职人员、逊位的君主及其家人。

再看看教会一方，我们发现有许多类似的行为，虽然在方式上似乎要彬彬有礼得多。在福尔摩苏斯教皇之后，又发生过好几起审判尸体的事情①，特别是在西班牙宗教裁判所的时代。

所有这一切也许很可能被人类的某些“动物行为学家”当作科学分析的对象，但它对于科学与信仰的领域却绝对保持沉默。因此，当我上面所提到的那种形式、方式和类型的行为反复发生，并用以支持某种试图凌驾于教会权威之上的立场时，我们就感到十分震惊。

① 虽然教皇约翰九世（John IV）于公元898年下令禁止审判尸体。

谁是上帝？

对于声称科学与信仰不兼容并且处于不可调和的对抗之中的人来说，在宗教上发生分歧的主要焦点是关于上帝的观念。对信仰体验的最严格的拒绝形式就表现在对一个超越的存在物的单纯的、简单的拒绝上，而无论其主观意愿如何。这种绝对的物质主义和“无条件—无限制”（no-ifs-no-buts）的无神论立场本质上也是宗教的一种形式①。因为在技术—科学的层面上，我们既不能证明上帝的存在，也不能证明它的不存在，更不用说证明上帝存在的“不可能性”了；这样我们都面临着一种选择：相信或者不相信它的存在。这两种选择都只与信念有关。无论你选择了哪一方，你都可以找到论据来支持自己的选择。在信仰的一方，甚至都不用提到启示，信仰者会列举出宇宙的可见的秩序、事物的意义、深藏于看似偶然的事件背

① 这是沃尔夫冈·泡利（Wolfgang Pauli）（1927 年）开玩笑的评论保罗·狄拉克（Paul Dirac）的极端反宗教立场时使用的概念：“看，我们的朋友狄拉克也信一种宗教，其指导原则是‘没有上帝，狄拉克就是他的先知’”。

后的智慧设计，等等；而在非信仰者的一方则会提到恶的存在、偶然性的统治、人类在宇宙中的绝对的无意义，等等。无论在哪种情况下，所有这些证据本质上都可以用最适合于你已经形成的信念的那种方式来解读。

除了好斗的无神论的极端立场外，在有教养的人的圈子内还有另外一种选择：不彻底否定一个“超越的存在物”的存在，但拒绝犹太—基督教传统里的那个人格化的上帝。这种思维方式可以追溯到很古老的年代。我们可以在柏拉图《蒂迈欧篇》（*Timaeus*）里描述的造物主（Demiurge）的形象里找到它的一个版本，但是我们也发现在大多数东方宗教中，其信仰的最高形式并不是一个人格化的神。在印度教中，这种超越的本质是婆罗门（Brahman）①，但它无论在哪种形式中也都不是人格化的，虽然民间崇拜的许多的人格化的神都是从它而来。

在西方，我们找到普罗提诺和新柏拉图主义者的“太一”（τὸ ν），它在后来发展出了许多带有哲学性的表达。到了17世纪，斯宾诺莎（Baruch Spinoza）已经将上帝与自然视为同一（Deus sive natura，“上帝或自然”）②。

① 不要将它与“梵天”（Brahma）相混淆，后者是创造主，是前者的人格化。

② 巴鲁克·斯宾诺莎（Baruch Spinoza）属于阿姆斯特丹的塞法迪（Sephardite）社区，最早属于葡萄牙。其激进思想使得他先是被逐出犹太教区，后又同时为天主教和新教所不容。

任何形式的泛神论的基础都在于相信一个弥漫整个宇宙的非人格化的神圣本质。这种非人格化的神圣原则的观念，无论是内在的还是超越的，都是启蒙运动时代的理性主义的题中应有之义，这种理性主义建立起了一种新形式的宗教以反对传统宗教，并把后者视为压抑的和蒙昧的。这种新的宗教，即使不是悲剧性的，至少也是非常奇特的；它在 1793 年巴黎公社那场轰轰烈烈的革命中开始的所谓“对理性女神的膜拜”中达到了巅峰。

这种非人格化的超验存在的观念在科学家中也有其追随者。阿尔伯特·爱因斯坦是一个突出的例子；爱因斯坦无数次地提到上帝和宗教，以至于迪伦马特（Durrenmatt）写道：“爱因斯坦是如此经常性地谈到上帝，以至于我相信他其实是一个乔装打扮了的神学家。”① 撇开其本人的言论不谈，爱因斯坦与宗教的关系的确非常复杂，引起各种各样的分析和猜测，但其中有某种斯宾诺莎式的启示仍清晰可辨。一方面，爱因斯坦的那句“我无法想象一个真正的科学家而没有深沉的信仰……科学无宗教则跛，宗教无科学则盲”② 被人经常引用；另一方面，在他写于 1946 年的一封信中我们读到：“一个人格化的上帝的观念

① 弗里德里希·迪伦马特（Friedrich Durrenmat）是瑞士剧作家，曾经创作过剧本《物理学家》（1962 年），其中有一个角色自愿充当精神病院里的患者，自称是爱因斯坦。

② 《自然》（*Nature*）第 146 卷，1940 年，第 605 页。

是一个我不会去认真对待的、人类学意义上的概念。”①而在他写于1954年（他去世前15个月）的另一封信中我们又读到：“我不相信一个人格化的上帝，但我也从来没有否认过它……如果在我身上有某种东西可以称为是宗教性的话，那就是对我们的科学迄今为止所能够揭示的世界结构的无限崇敬之情”。在其他场合，他不止一次地谈到“宇宙宗教感情”(cosmic religious feeling)：“我一直认为宇宙宗教感情是科学研究的最强烈和最高贵的动机……我的一个同时代人曾经公正地说道：在我们这样一个物质主义的年代，严肃的科学工作者是仅有的具有深沉宗教信仰的人了。”

这里我不打算对科学文化内部的或明或暗的内在主义者（immanentist）的立场做进一步的讨论了，但是我想强调东方与西方在对人格化的上帝的拒绝方面的一个重要的不同。在佛教的宗教—哲学思想中，个体同一性(personal identification）总的来说是一个幻象，一种惩罚，一种恶。很明显，最纯净的神圣本质不能为它所影响，人类最高的渴望是从人格化的自我的囚牢中释放自己，并与整个浑然不动的宇宙大全融为一体。

① 海伦·杜卡斯（Helen Dukas)、班内什·霍夫曼（Banesh Hoffman)：《阿尔伯特·爱因斯坦：人性的一面》（*Albert Einstein, The Human Side*)，普林斯顿大学出版社1979年版。

而在西方，在我看来，对人格化上帝的拒绝是基于一个人格化的上帝会干预我们每个人的私人生活，评判并规定我们的行为的观念。这被认为是一种不可忍受的干涉，尤其是这种干涉还经常通过另一个人来实施。总之，这种拒绝的本质可以概括如下："我不能接受某人凌驾于我之上并自诩能够指导我的生活。"

在一个科学的，或更一般的文化世界里，这种立场被一种更深刻的因素所加强了。那些认为他们可以在宇宙的合理性中，在一个给世界整体以秩序而并不干预人类的兴衰沉浮的超验的存在者中辨认出上帝的人，也容易倾向于认为他们能够在自己的心灵中思考宇宙全体。的确，虽然是一点一点的，但他们认为自己能够理解宇宙，并把握住它的本质机理。换句话说，上帝本质上是某个东西（something）而不是某个人（someone）；"他"不会特别考虑到我，也不会特别考虑到人类全体。另一方面，我也可以把"他"包含于我的内心："他"，"他"所表达的宇宙，以及"他"的法则。爱因斯坦说："我想知道他的思想……其余的都只是细节。"

上帝作为宇宙本质的概念，以及我们每一个人都有能力理解和思考上帝的观念，可以总结为这样一句话："我是上帝"。

以上思考并没有告诉我们任何关于科学与信仰的兼容与不兼容的问题。我并不宣称它们是结论性的，无论是正面的还是反面的。无论如何，我想强调一种文化的和心理学因素的重要性，它在很大程度上决定了我们很多人的思维倾向。是那种带有典型的欧洲（和美国）文化和社会特征的个人主义的沾沾自喜，以及人类自身追求无所不能的狂妄野心，我们已经看到了它在 19 世纪和 20 世纪初的最幼稚的表达形式。

月亮与手指

“智者指月，愚者望指”，这是一句中国谚语。中国谚语的名声在全世界有口皆碑，我要说的是这句谚语中的故事与我本书所写的内容符合得天衣无缝。

如果有人指给你看月亮，你可以望着月亮，试着去理解那是什么；你也可以很仔细地检查指着月亮的手指，看它是多么粗糙，如指甲是脏的，也没有经过很好的修剪，形状也不是很直，等等。后一种行为很明显与正在指的东西毫无关系，更重要的是，你肯定不能通过观察手指及其特征得出关于月亮的存在及其本质的结论。然而，这却是几乎每时每刻都在发生的事情。有人根据《圣经》文本内部的不一致性得出关于信仰的“结论”；有人取笑约书亚据说在与他同名的那本书中说过的那句“太阳啊，你要停在基遍不动；月亮啊，你要停在加仑谷的上空”①；还有那些指出对观福音书中的碎片化的重复的人。我甚至还听说过利用关于玛利亚的童贞性的妇科医学的“论证”

① 《约书亚》10：12。

来攻击信仰的例子。或者基于与我在本书中描述的相类似的事实的几个论证，它们是关于人类行为及其病理学的。

我不相信这类反对与科学有什么关系。如我多次重复说过的，这只是一种负信仰的表现，这就是它的确切的本质，虽然它声称自己并不是信仰。

让我们表述得更清楚一点：《圣经》文本可以像那些从同样古老的过去传递下来的其他经典文本一样不受科学的检验吗？不可以应用哲学、历史学、古文字学等这些工具吗？当然可以。当一个神迹出现的时候，不可以应用心理学、医学、实验科学的技术来分析所报道的事实吗？当然可以。人类群体包括教会组织的动力学不应该运用我们从历史学和社会学里获得的知识进行分析吗？当然应该。但是，所有这一切与历史的意义，以及超越于我们所研究、分析、描述并生活于其中的感官世界之上的存在维度的基本问题有什么关系呢？

让我们想象自己进入了一个房间，里面有许多人用不同的方式指着同一个方向。很明显，我们可以应用理性的手段开始分析那些正在指的人，以及他们指的方式，我们可以得出统计数字，将各种不同的因素关联起来。我们可以检视手和手指；我们甚至可以发现有些人其实没有手，他们用残缺的手臂在指着；还有人可能只是用眼睛看着大家所指的方向。我们可以顺着手腕与指尖辨别出各人所指的方向；我们还可以数数有多少左臂和多少右臂在举着；

等等。所有这些做法都是完全合法的，我们都可以认认真真地去做，但它们却没有告诉我们任何关于所指东西的信息。如果我们想知道更多关于所指物的信息，我们就必须去看它，而不受这些事前的分析的干扰。很明显，如果太过于关注分析手指与手臂的话，我们甚至可能根本注意不到它们所指的方向。或者我们注意到了，但我们决定不去看它，但这是我们作出的决定，它当然不是从检视手指的技术中推出来的。

月亮与手指的比喻还可以应用于对由信仰所引起的问题所做的流于表面化的批评方法，正如我刚刚所做的那样，在某些方面它也适用于那些对信仰内容做简单化的处理的方法。让我们回到有一群人指着某一个方向的房间的意象。我们可以转向那个方向，看到那里确实有某个东西，某个的确很吸引人的东西。接着，我们又转而集中注意力在手臂和手指上，并且宣称所指东西的价值在于我们指向它的方式。我不想把这个意象发挥得太远，所以让我们暂时离开这个比喻。我所说的意思是：有些执着于宗教信仰的人，往往通过他们的衣着、饮食、仪式、仪轨或所用的语言等这些东西来辨别宗教信仰。这就仍然是把月亮与手指、形式与内容颠倒了位置。应该提醒注意的是：在无论何种形式的人类社会，形式都是很重要的；这是一个客观的社会事实，完全的、孤立的个体性只是一个神话（一种特殊的、广泛传播的“宗教”）。但形式充其量只是容器，而非内容本身。

我们这里所讨论的是信仰的内容以及科学的目的，不是它们的形式和方法。我们应该理解和重视形式与方法问题，但我们也必须能够超越它们，超越的路径当然是去研究，这需要我们决定是否投入，以及所投入的程度。

结　论

本书的旅程已经带领我们思考了科学与信仰的许多不同的方面。我努力尝试分析了人类表现其特定行为或发展其特定观念的历史背景。我的分析难免有些幼稚，因为一开始我就说过，对于我的思考所涉猎的诸多知识领域，我的能力是不胜任的。我之所以要这样勉为其难，是因为我认为褊狭的思考方式最终会使人误入歧途。虽然还有许多瑕疵，但一幅相当明确的图画已经在这里展现出来，当然读者也可以作出自己的结论。

作为一个实验科学家，可以说我在这个旅程中所举的例子表明了人类总是倾向于将自己的信念表明为“客观的”，即使它们还没有被事实所证实，这种倾向也存在于现代科学的环境里。同样的，无论宗教还是科学，它们经常表现出来的一个共同特征是绝对的、彻底的（totalising）人类中心主义。一方面，它认为如果宇宙是被创造的，那么它仅仅是为我们而创造的；另一方面，借用公元前 5 世纪古希腊哲学家普罗泰戈拉（Protagoras）的表述：“人是万物的尺度”。对我们中的每一个人来说，个人的兴衰沉浮都是所有思考的焦点：世界是我们的世界。

从与他们的父母打交道开始，孩子们感知世界的典型方式就是把世界看作是为他们而存在的。长大以后，我们——虽然不是每个人——意识到，我们不是事物的中心，情况要远远复杂得多。这虽然没有改变我们与父母关系的实质，但却引入了一个新的视角，把我们从唯我独尊的自负中解脱出来。色诺芬尼（Xenophanes）曾经说过：如果马会作画的话，那么它们画出的神一定是有蹄子的；而当代版的神人同形同性论（anthropomorphism）要复杂得多，它把宇宙解释为是专门为我们而存在的。

无论是大学教师还是枢机主教，人类的行为方式总是一样的，这并不是新闻。我认为，对这些由人的天性而生的缺陷的解毒剂就是尽可能谨慎地、谦恭地对待世界、生命、自己的以及他人的信念。不幸的是，这种谦恭的品行在现实中有时受人赞美，但有时也会遭受蔑视；不过在实践中很少有人能真的做到。

可以转引哈姆雷特的话对本书的内容做一个总结：天地间的事物比我们在科学（和哲学）中所梦想的要多得多。

我们必须研究，研究，再研究，既要从科学的角度，也要从信仰的角度。我不认为这两个研究对象有什么冲突或者不兼容的情况，除非有权力进来干预。

信与不信只是一种个人选择，科学既不是避风港，也不天生属于哪一个教派。通过对周围世界的观察，以及以我自己的方式对遍布于整个世界的证据的解读，我已经作出了自己的选择，当然并非由于这个原因，我的研究之旅也在此结束。我的科学工作并没有成为我的障碍，事实上，对于宇宙及其表现方式的惊叹之情在某种程度上指引了我的研究工作。

我将引用一位媒体辩论家（media polemist）① 的话作为本书的结论，他的评论很难被置入科学的背景，而只能属于“分析手指”的范畴。我很愿意将自己归入他所说的一群“白痴”之列：我是一个基督教徒，而且，尤其还是一个天主教徒。

① 皮尔吉奥吉奥·奥迪弗雷迪在《为什么我们不能做基督徒，尤其是天主教徒》一书的开头，根据对“基督徒”（christians）这个词的某种解释，将基督徒定义为“白痴”（cretins）。

附 录

◆论对科学术语的误用

人类知识（不仅仅是知识）的每一个分支都会发展出一种语言和它自己的行话。这是一个众所周知的事实，也是专家们所正在研究的现象。语言是交流的工具，同时也是相互排斥的工具：交流是在同行内部进行的；排斥的是那些“毫无干系”却总喜欢进来说三道四的门外汉。我们曾经谈到过这种现象。有时候对语言的“神话般”的应用会损害人类思想的不同领域之间的相互理解。我主要指的是这样一种倾向，正如我们有时候所见到的那样，将某一门学科的特定的术语或表达形式不适当地应用到神学或哲学的领域里。从科学那里借用语言当然没有什么不对；但问题在于，在这种情况下，我们所使用的词比平时有更确定的意义。在其他领域，词的使用可以仅仅是引申的，但如果它们的有效意义被另一种不同的和不准确的意义所取代的话，最终可能导致对读者的误导。消泯不同学科之间的界限是很重要的，但这需要一种理解的努力；而且，无论其愿望多么良好，这种努力在现实中非常缺乏并经常被一种幼稚的文化上的自负所代替。结果是对话变成了相互阻碍而不是相互受益。下面我将举几个典型的物理学术语的例子，以揭示它们的真正意义。

◆ 维 数

我不知道“维数”这个词是否曾经以某种方式在神学文本里被使用，并宣称该词的意义来自它的科学含义，但我认为这是很可能的，因此我先发制人地插入下面一段说明。

在物理学里，当我们描述一个系统的状态时，我们会问：为了明确识别该系统的特定状态，我们必须给出的独立变量的最小数目是多少；这个最小数目就对应着该系统的维数。考虑空间中一个质点的位置，它有三个维度，它所有的几何关系都根据这三个维度定义。相对论将时间加入进来，从而引入了四维时空的概念。在这个基础上定义一系列的几何关系，它们是那些仅仅在空间里有效的几何关系的推广。

这个与我们的直接感知没有对应关系的第四维度，从一开始就抓住了一般公众的想象力。现在，理论物理学已经假设了比四维更多维数的世界，那里的几何学更加复杂，但都是通过应用某些规则推导出来的，这些规则也是那些在普通三维空间和四维时空里有效的规则的一种推广。

为什么维数这个概念的技术—数学的意义使我们在应用这个术语的时候必须小心谨慎呢？我将举例说明这一点。1884 年，英国作家与神学家埃德温·阿博特（Edwin Abbott）出版了他的小说《平面世界：多维历险记》（*Flatland*：*A Romance of Many Dimensions*），讲述了一个生活在二维世界里的二维存在物的故事。故事的主角是一个正方形，在某一时刻与来自三维空间世界（Spaceland）里的球形相遇，从而看到了世界的多维性。撇开小说的具体情节不谈，让我们尝试去理解增加一个或多个维度的重要性。比如，平面世界里的围墙可以看作是一个圆，如果它是封闭的，那么对于在它外面的二维生物来说，其内部是不可进入的。现在让我们假设在这个圆的外面有一个被所有人都看作是点状的物体，因为这就是平面世界里的居民的感官所能够感知到的东西。然而，这个点实际上是一根垂直于纸面的可弯曲的棒的底部，平面世界就是画在这张纸上的。如果这根棒开始弯曲，直到触到圆的内部，然后抬起仍然在圆的外面的脚，那么，那些在围墙内的生物将会看见一个先前在外面的点状物体现在似乎到圆的里面来了，而并没有任何门被打开。它们将极度惊讶，并把这看作神迹。

阿博特的小说的目的是教育性的，特别是对于那些学习数学的学生。此后不久，本哈德·黎曼（Bernhard Riemann）在多维空间的非欧几里得几何学领域里的工作，使他在相对论之前以自己的方式预见了时空概念的相对性。增加的维度，特别是爱因斯坦的神秘的（特别是对于初学者来说）第四维，激发了许多科幻小说的灵感，并启发很多人用它去“解释”那些奇异事件、与几何学相关的信念以及所有诸如此类的东西。

◆能　量

在物理学和其他“精确”学科中，一个重要的和被频繁使用的概念就是能量。初看起来它的意义似乎清楚而又简单，但仔细检视我们就会发现情况并非如此。人人都在谈论能量，但它的真实意义又似乎总是逃避大多数人的理性感知。这也发生在技术—科学的环境里，虽然困惑主要出现在其他领域。使我更加感到必须清楚明确的定义这个概念的必要性的是维托·曼库索（Vito Mancuso）的书《灵魂及其归宿》（*L' anima e il suo destino*），作者在这本书里大量使用了“能量”这个概念。为了明确能量这个概念在物理学里的意义，我将从另一个比较容易理解的概念“功”说起。很明显，“功”有一个正式的定义，本质上它可用以计算，以避免推理中出现矛盾。如果不考虑科学的严格性，可以简单地说功是以一种量化的和可测量的方式表示物理学上的因果联系，一般地说，它对应于一个给定系统的物理条件的变化。这样，如果一个系统总的来说不与任何东西发生相互作用，那么其内部可获得的功的量值既不是任意小，也不是无限大。根据所考察的系统的性质和特点，可获得的最大功是一个精确定义的量值。同时，如果一个物理原因无论何时以可以产生效果的方式（即做功的方式）作用于系统的某一些元素，那么，它也必定在组成该系统的其他元素上产生副效应。如果系统由大量的元素组成（现实中的系统大多如此），我们可以在有序功（在数目有限和精确定义的元素上做的有计划的功）和无序功（混沌的分布于系统其他元素上的功）之间作出明确的区分。另一个经常使用也经常被误解的术语是“热”，它是无序功的产物，后者本质上与有序功的可测量的产物相联系。在这个过程里出场的另一个十分微妙的概念是“熵”，我在后面还会谈到它。

回到孤立系统，我们可以得出有用功以及在转化过程中所产生的热的总量是固定的结论。我们给这个不变的总量起的名字就是（系统内部的）能量。各种各样的物理转换形式决定了不同的能量形式，但是其基本的量值和稳恒性则与形式无关。无论发生什么情况，宇宙能量的总量都是一个确定值（即使宇宙本身很可能是无限的）。

应该强调的是，在任何物理转化的过程中，功的产物都是可逆的，而热的产物则不是。在实际发生的过程中，对于一个孤立系统来说，发生的事情越多，被转化并均匀分布在系统内部所有自由度上的热量也就越多（完全的无序状态）。这个过程是不可逆的。

不言而喻，能量这个术语也可以用来指与我上面所解释的不同的东西，但这需要在不求助于数学表达式的情况下，对赋予它的新的含义事先作出足够清晰和明确的说明。玩弄概念游戏以及模糊含混地使用概念的做法是不可接受的。神秘的、无法测量的、违背守恒定律的能量属于巫术而不是科学的领域，并且在我看来，也不属于哲学的领域。

◆ 熵

熵是一个神秘的量，其性质甚至对于基础热力学专业的学生来说也很难把握。因它而产生许多误解当然也在所难免。熵是热力学第二定律的主角，根据此定律，对于一个孤立系统来说，其中所发生的任何过程（从技术上说我们谈论的是任何热力学变换）的熵的值只能增加（或者在理想条件下，是保持不变）。据此我们可以说，由于宇宙是一个各种变换和物理现象在其中永恒发生的孤立系统，因此其熵值永远增加。我为什么会谈到这一点呢？因为即使不是该领域的专家可能也听说过熵与无序有某种联系①，即随着熵的增加，系统的无序度也增加。这对哲学也产生了影响。所有关于世界将会向越来越有组织（即有序）、越来越好的状态发展进化的观点，对于它们的支持者来说不是别的，只不过是一厢情愿的幻想（wishful thinking）而已；它没有任何科学的基础，事实上还与物理学定律相矛盾。我们经常会碰到生命的进化与热力学第二定律相矛盾的说法，因为随着生物组织的发展，会产生出越来越有组织、越来越有序的系统。事实上，这种情况只是对非孤立系统（不仅仅是生命系统）才有可能：必须有持续的能量流通过该系统。如果该能量流中断，生物体也就死亡了。从液态或气态物质形成水晶体的过程也会导致局部的熵减。对于一个内部包含有生命体（或水晶体）的整体（孤立的）系统来说，其熵值会持续不断地增加：最后的平衡状态就是最大无序的状态。理论物理学研究那些与各种宇宙模型相关或者与那些在广义相对论中假设的类似“黑洞”那样的特殊对象相关的熵这一类的复杂问题。但总的结论是一样的。这便是以下情况的一个例子：如果人类知识的一个分支（哲学）忽略了另外的分支（这种情况下是物理学），那么它最终将与它所描述的那个世界失去联系。

① 所有这些都可以用数学公式表示，最严格的公式表述是由路德维希·玻尔兹曼（Ludwig Boltzmann）建立的统计热力学。

◆力

力这个词在日常语言中使用非常频繁，但它的意义却一直很模糊。毫不奇怪，即使对于科学来说，要给它一个清楚而不含糊的定义也要花费很长的时间。从科学的意义上说，力是通过在它施加于其上的物理系统上所产生的效果来度量的作用因。这种效果可以通过两种不同的模式来考虑（它们也可以共存）：动态的或者静态的。在动态的情况下，力是由它所产生的加速度来度量的，其正比系数即是它作用于其上的物质的质量。在静态的情况下，力是由它在作用于其上的物理系统所引起的形变来度量的（假设是完全的弹性形变）。

◆磁

我认为磁这个术语在哲学的或神学的文本中很少出现。但磁这个概念却在一些声称能够解释许多被认为是“神秘”现象或甚至超自然现象（paranormal）的超科学的（para-scientific）论证中被错误地应用。自然磁体的吸引/排斥的性质激发了许多描述人类情感或人际关系的隐喻（比如，“充满磁性的眼神”）。除了隐喻之外，磁还是

17 世纪荣登流行榜首的科学理论的主要成分，这主要归功于一个曾经在奥地利、德国和法国工作过的名叫弗朗茨·安东·麦斯麦尔（Franz Anton Mesmer）的德国籍医生。麦斯麦尔相信自己发现了一种动物磁性，像流体一样充满整个宇宙（类似于电影“星球大战”中的神奇的“力”）。疾病在他看来是由生物组织中这种流体的不平衡引起的；因此治疗它们的方法是将适当的自然磁体加于其上。麦斯麦尔还是最早的医学催眠术技术的先驱（麦斯麦尔法，mesmerism）。而经过由与他同时代的法国的路易十六（Louis XVI of France）发起、成员包括安多尼·拉沃泽尔（Antoine Lavoisier）和本杰明·富兰克林（Benjamin Franklin）的一个调查委员会的调查，已经得出麦斯麦尔的理论是毫无根据的结论。

从物理学的观点看，磁是电磁的一个方面。电磁场是场，在本书“物理学、形而上学与意识形态”一章中所描述的意义上，它与电流的产生有关。可以说磁场是电磁场的一个要素；其强度可以通过适当的技术和设备进行测量，也依赖于观察者与运动源之间是处于相对静止还是相对运动的状态。电磁场可以由麦克斯韦方程来描述和计算；这没有丝毫奇异或神秘的地方，虽然自从量子力学出现以来，处理这些方程不再是一件简单的事情了。动物磁性在下面的意义上也许的确存在：在生物体包括我们人类的新陈代谢过程中，会有微弱的电流在体内传输，它们可能携带极弱的、但却是可测量的磁场。起源于生物体的磁场显然也是由麦克斯韦方程所控制，就和那些由于别的原因而引起的磁场的情况一样。

责任编辑:段海宝

图书在版编目(CIP)数据

月亮与手指:一个物理学家在科学与信仰之间的旅程/
(意)安吉洛·塔塔格里亚 著;谢爱华 译. —北京:
人民出版社,2017.9
ISBN 978-7-01-017258-3

Ⅰ.①月… Ⅱ.①安…②谢… Ⅲ.①科学-关系-宗教-研究
Ⅳ.①B913

中国版本图书馆 CIP 数据核字(2017)第 007141 号

月亮与手指
YUELIANG YU SHOUZHI
——一个物理学家在科学与信仰之间的旅程

[意]安吉洛·塔塔格里亚 著 谢爱华 译

人民出版社 出版发行
(100706 北京市东城区隆福寺街 99 号)

北京中科印刷有限公司印刷 新华书店经销

2017 年 9 月第 1 版 2017 年 9 月北京第 1 次印刷
开本:880 毫米×1230 毫米 1/32 印张:6.375
字数:120 千字

ISBN 978-7-01-017258-3 定价:38.00 元

邮购地址 100706 北京市东城区隆福寺街 99 号
人民东方图书销售中心 电话 (010)65250042 65289539

LA LUNA E IL DITO

Angelo Tartaglia

北京市版权局著作权合同登记号:01-2016-2251